主编简介

王文杰 1979年生，北京人，副研究员。现任北京工业大学学生工作部（处）部（处）长、武装部部长、学生发展指导中心主任。主要研究方向为大学生思想政治教育。

北京工业大学学生工作实践丛书

高校学生事务管理工作案例选编

主　编：王文杰
副主编：王海燕　李　敏

光明日报出版社

图书在版编目（CIP）数据

高校学生事务管理工作案例选编 / 王文杰主编 . -- 北京：光明日报出版社，2017. 12

ISBN 978 - 7 - 5194 - 2918 - 8

Ⅰ. ①高… Ⅱ. ①王… Ⅲ. ①高等学校—学生工作—案例—汇编 Ⅳ. ①G645. 5

中国版本图书馆 CIP 数据核字（2017）第 098667 号

高校学生事务管理工作案例选编

GAOXIAO XUESHENG SHIWU GUANLI GONGZUO ANLI XUANBIAN

主　　编：王文杰

责任编辑：曹美娜　郭思齐　　　　责任校对：赵鸣鸣

封面设计：中联学林　　　　　　　责任印制：曹　诤

出版发行：光明日报出版社

地　　址：北京市西城区永安路 106 号，100050

电　　话：010 - 67078251（咨询），67078870（发行），63131930（邮购）

传　　真：010 - 67078227，67078255

网　　址：http：//book. gmw. cn

E - mail：caomeina@ gmw. cn

法律顾问：北京德恒律师事务所龚柳方律师

印　　刷：三河市华东印刷有限公司

装　　订：三河市华东印刷有限公司

本书如有破损、缺页、装订错误，请与本社联系调换

开　　本：710 × 1000　1/16

字　　数：186 千字　　　　　　　印　张：13. 5

版　　次：2018 年 1 月第 1 版　　　印　次：2018 年 1 月第 1 次印刷

书　　号：ISBN 978 - 7 - 5194 - 2918 - 8

定　　价：68. 00 元

编委会

序　言

辅导员是开展大学生思想政治教育的骨干力量，是大学生日常思想政治教育和管理工作的组织者、实施者和指导者。高校辅导员工作对于全面贯彻党的教育方针，实现大学生思想政治教育的目标、维护高校稳定、培养人才具有十分重要的意义。2009 年上半年，为扩大大学生思想政治教育工作覆盖面，增强工作针对性和实效性，北京市委教育工委在北京高校中大力推进辅导员深度辅导工作，首次做出明确要求，并把此项工作的开展作为深入贯彻落实中央文件精神的重要举措和推进大学生思想政治教育工作的有力抓手。

北京工业大学依据国家和北京市颁布的相关政策，不断加强辅导员队伍建设，并着重推进深度辅导工作，明确规定辅导员要“深入学生，了解和掌握学生的实际状况和思想动态，保证每名学生每年都能得到至少一次有针对性的深度辅导，为学生健康成长成才提供良好服务”。同时，收集我校各位辅导员在深度辅导工作中的优秀案例，根据学生在大学生活中所遇到的各类问题分为发展辅导、就业辅导、心理辅导、危机干预等多个方面，整理成本书。一方面，希望通过把不同院系、不同年级辅导员所处理的案例集中起来，提炼、总结出辅导经验，不断提升学校深度辅导的水平。另一方面，作为经验介绍，使新上岗辅导员在处理相关问题时，有据可依、有章可循，提高辅导员的工作效率和工作效果。

编者

2016 年 11 月

目　录
CONTENTS

接近那一点心距，成就那一份健康

一、案例概述

小 L，女，2013 级学生。入学第一学期，宿舍同学集体向我反映小 L 经常在大家起床前或睡觉后制造很大噪音，而且经常翻看同学的私人物品。同时，小 L 性格孤僻，不能很好地和同学们交流，在同学主动找其协调宿舍事宜未果后，小 L 以轻生为理由逼迫其他同学让步，因此宿舍同学强烈要求给小 L 调宿舍。除了宿舍内部关系不谐调，小 L 平时不爱参加任何形式的集体活动，与班级其他同学的关系也很紧张。

二、案例分析

通过前期调查了解，小 L 家庭关系较和睦，父亲担任某企业资深投资经理，工作较繁忙；母亲无职业，对小 L 关心较多。家庭中大部分人从事经营管理工作，所以对她选择生物方向专业不甚满意，但是并不阻碍其发展。为了向父母证明自己对专业选择的正确以及自身的能力，小 L 对自己要求极高，成绩虽在专业中上水平，但是不能名列前茅，所以在学习上逐渐丧失信心。在与小 L 交往较为密切的学生进行沟通后，发现小 L 渴望和周围人建立信任关系，但是由于其性格比较孤僻，存在一定的沟通障碍，导致一些平时本可以轻松解决的小问题日积月累变成大问题。

综合学生反映的情况和前期调查了解的情况，认为该生因为自我要求过高和性格孤僻而引发学业困惑和人际关系问题。

与小 L 宿舍同学沟通，充分听取宿舍同学的意见，全面了解该学生情况，为与小 L 谈心做好准备工作。

与小 L 谈心，了解她的真实情况和想法，帮助她认识自我，明确大学里如何建立良好的宿舍关系和同学关系，同时通过与其分析专业学习的目标与定位，确立明确的个人发展方向，合理地安排学习生活。

三、辅导过程

为了全面客观的了解矛盾发生的原因，我听取了除小 L 外的 5 名同宿舍学生的意见，同时向班委了解情况。结论显示小 L 性格孤僻且行为怪异（如自言自语）不易被班中同学接受，除主动找其沟通班中事项，小 L 本人不会主动与他人交流。但是小 L 人很善良，如果班中同学有需要主动找她，她也耐心并认真帮忙。

在多方面了解情况后，我对小 L 开展辅导。首次约谈，一开始小 L 非常紧张，不停地搓手、挪动，眼睛不敢直视我，回答我的问题也是支支吾吾，说不清楚，声音很小。通过拉家常，如谈论学校的伙食是否合口、图书馆图书的借用情况等缓和了谈话的气氛，并对开学后小 L 到课听课的情况进行表扬。当问到宿舍条件和宿舍关系的时候，小 L 很自然地开始说明自己的情况。小 L 表示，自己和宿舍同学关系相处不够好，主要原因是因为本人自己有明确目标（打算考取清华大学该专业的研究生），所以每日给自己定了充实的学习计划，早出晚归，坚持不落下任何课程，而宿舍同学大多不再像高中一样刻苦学习。在宿舍的大部分时间，小 L 希望能够在宿舍预习、复习课堂内容，并能够和同学讨论学业内容，但是其他同学在宿舍谈论同学关系、生活细节，平时没有共同话题。

我首先肯定了小 L 制定的长期目标、学习计划以及开学后的听课状态，随即与小 L 谈到处理集体宿舍关系问题。住在集体宿舍内的同学不一定要有共同的奋斗目标，但是需要在生活上照顾彼此的感受，小 L 表示自己以前确实做得不对，愿意主动改正自己的不足。

在约谈过小 L 后，我再次约谈了部分宿舍同学，希望他们不要因为生活模式不同而苛责小 L，在集体住宿中会遇到各种各样的问题，要通过友善沟通的方式而非互相孤立换宿舍逃避问题，宿舍里出现的问题，并不是一个人单独的问题，而需要大家分别在自己身上发现不足，努力改正，学会换位思考。

经过一段时间，宿舍状态缓和，小 L 主动找我谈心，主要反映了两个问题：一是在高考报志愿时候小 L 自己坚持报考生物方向，否定了家里报考经管方向的建议，目前在班内成绩虽然较好但不是第一名，所以经常被家里人念叨，心理上不愿意接受这样的事实，也不愿意回家；二是小 L 自己设立了报考清华研究生的目标，但经常被同学嘲笑，被认为其目标太过远大，所以逐渐丧失自信。

在了解小 L 自己的想法后，我鼓励她在取得父母理解的基础上，勇于并坚持追求自己的梦想。大学毕业后的出路有很多种，但是提早树立一个明确的目标有助于明确努力方向，提高自身学习动力。考取清华大学研究生这个目标是积极的、向上的。我希望小 L 重拾信心，不要过多在意同学质疑的眼光，为了自己梦想努力前行。我提示小 L，毕业后的选择有可能和当初制定的目标大相径庭，但是不管未来做出怎样的选择，都要在有限的大学生活中积累足够的知识和实践经验，这样在做选择的那一天，才可以挺胸抬头地告诉自己“我准备好了”。

辅导后，小 L 愿意主动与他人交流，积极参加集体活动，虽然还没有感情深厚的同（异）性朋友，但是会和具有相同目标、相同理想的人一起上课，讨论专业知识，平时自主学习，能够自信并积极面对各种新挑战，第一学年的学分通过率 100%，综合评定成绩在班中名列前茅。同时，在小 L 和宿舍同学的共同努力下，宿舍内部的矛盾基本化解。

四、经验启示

1. 坚持耐心、热情和真诚的原则，加强沟通给予学生尊重，了解学生想法，平等交流，更深入的了解学生想法，帮助学生成长。多听辅导对象和其相关同学的想法，全面、客观地了解问题始末。加强与老师以及学生的沟通，及时了解学生的综合情况，针对“问题”学生，要多关注、关心，针对学生的“问题”，要授之以渔。

2. 正面谈心、侧面跟进，关心程度适当

做好学生的思想引领工作，不当学生的“妈妈”，不做学生的“保姆”。通过日常和班主任、任课教师、同学以及学生本人的接触，同时留意学生新媒体如人人网、飞信的状态更新等方式了解学生的动态，但不过度关注，使学生产生逆反心理；也不天天走访课堂、宿舍，时刻监督学生，给其压力。倡导有事及时解决，无事关心关注的辅导管理方式，杜绝当“妈妈”溺爱学生。

专家点评：

这是一件大学生人际交往与学业相互交织的问题，辅导员准确地把握了这一问题并妥善解决。辅导员通过同宿舍同学、班委等学生全面客观地了解了矛盾发生的原因。然后，开始约谈小 L，谈话难度比较大，辅导员凭借她的爱心、耐心和技巧，巧妙地打开了小 L 的心扉，找到了矛盾的根源，为其解决这一矛盾奠定了坚实的基础。特别值得肯定的是，辅导员具备良好的沟通能力，这是辅导员进行思想教育的基本功。经过一段时间，小 L 主动找辅导员谈心，充分体现出他们之间已经建立了信任关系。辅导员非常尽责，认真梳理了小 L 提出的三个问题，都给予了非常好的解答。当然，如果辅导员没有深入了解宿舍矛盾产生的根源，对小 L 简单地批评、教育，可能小 L 会更加孤僻，宿舍关系也会更加紧张。通过此案例，加强对每一位学生的深度辅导是非常必要的，有利于辅导员尽早发现学生存在的问题，采取行之有效的措施。

北京工业大学党委研究生工作部部长　高学金

撑起家庭变故学生心中的一片蓝天

一、案例概述

小王，2009 级本科生。2010 年 1 月某日凌晨四点，睡梦中的王某被父亲的短信“母发脑溢血，生命危险”所惊醒，知其母已于十多天前突发脑溢血不幸去世，父亲为了不影响他的考试，独自将悲痛的消息隐瞒了将近半个月后方才告诉他。这晴天霹雳般的消息让进入大学 4 个多月、刚刚适应大学生活并对未来充满了无限希望的小王，感到了生活的无助。他早晨冒着大雪去操场大哭一场后，向我寻求帮助。

在母亲去世之前，小王是一名充满自信、开朗乐观、积极向上的年轻人。遇到突如其来的变故，他感到了生活的无助，不知以后的路要如何走，不知怎样才能重新找到继续航行的动力。

二、案例分析

根据学生的情况，我认为该生是因为家庭变故而引发的情绪波动。

通过聆听使其进行情感宣泄，释放内心压力，建立信任关系，帮助其挖掘个人品质中的潜力，发挥其情感的坚韧性，激励其树立健康向上的精神风貌、指导其规划大学生活和未来的人生，将失去母亲的悲痛和对母亲的思念转化到促进个人成长发展的行动中。

三、辅导过程

1. 聆听小王的宣泄，使其在值得信赖的师生关系中，能够表达出他的强烈情绪，把自己的想法和记忆都吐露出来，以减缓创伤。在倾听过程中我引导小王倾诉其对母亲的情感，让他自己说出母亲对自己的关爱、母亲的言行、生活习惯等，充分表达对其母亲的爱、对母亲的思念、对母亲去世的悲伤和无奈等复杂情感。

2. 深入体验小王内心情感并予以恰当反应。在谈话过程中我对小王的感情做出恰当的反应，如“你母亲真的很坚强”“妈妈很伟大”等；通过把握小王的体验与经历、人格之间的联系，探寻困扰他的真正问题所在——无助、无奈、安全感的丧失和对未来的迷茫等。通过话语将自己对他的理解传达给小王，让小王能从不同角度看问题，以降低忧虑，帮助他导入积极、乐观、向上的情绪，“生老病死本是人生中很正常的事，别怕，还有很多人和你一起承担着痛苦呢”、“平静的湖面练不出矫健的水手，安逸的生活造不出时代的伟人。小王，父亲和老师都是你坚强的后盾，你好好读书，这才是回报母亲的最好方法，加油吧”。

3. 帮助小王树立清晰的目标。与小王一起探寻达到目标的多种途径，激励他去追求目标，并把眼前的困难看作是遇到的挑战。由于小王学习勤奋，且具有较强的逻辑思维能力和学习能力，他在入学之初就暗下决心毕业后要攻读研究生。我指导小王制定了符合自身定位的生涯规划，对他提出了希望，希望他大学四年能够认真学习大学课程，提升专业素质，培养专业技能，为未来的研究生之路奠定扎实的基础；能够主动寻求有意义的精神支持；通过参加各类实践活动，开阔视野，磨炼意志；能够交几个知心朋友，遇到困难时可以推心置腹向朋友倾诉；可以用己所长去帮助需要的同学，以获得心中的满足感，进而获得更多前进的动力。

小王的悲伤情绪逐渐消失，也有了积极的反馈，他对未来重新充满了求索欲望，清楚地知道努力学习才是报答父母的最好方法，利用一切时间将自己做到最好，将悲痛转化为学习的动力。母亲去世的不幸并没有压垮小王，而是塑造了一个外表稚嫩但内心却无比强大而又成熟的小王。

四、经验启示

1. 帮助学生将困难转化为应对挑战的机遇

要使正处于思想日益成熟、能力快速提升的大学生完善个性、健全人格，形成正确的世界观、人生观和价值观，最好的办法就是让他们在实践中亲身体验，并在体验过程中和事后对其进行及时的指导，使其去感触、反思和转变，建立应对挑战和不幸的信念和动力，把不幸看作是挑战和发展机遇，而不是障碍；使其能够客观的认识自我，发现自我、肯定自我，增强自尊、展示自信。

2. 辅导员与学生建立良好的关系，作学生信赖的贴心人

该案例获得成功的前提是学生对辅导员具有充分的信任和依赖，建立了具有支持性的朋友关系。因此，这就要求辅导员做好扎实的基础工作，对学生的情况了如指掌，才能因材施教；具备敏锐的洞察力、高超的沟通技巧，才能有的放矢、情理兼备；需要找准切入点，才能够因势利导，对症下药；需要长期关注才能巩固辅导成效。

专家点评：

这是一起学生因母亲突然病故引起的大的情绪波动，导致生活、学习无方向、无动力问题。由于辅导员与学生之间建立了比较好的信任关系，学生能够主动找辅导员倾诉，信任关系的建立是做好学生辅导工作的重要基础。辅导员通过三个步骤，逐步引导学生小王重新建立了清晰的生活、学习目标：第一步，辅导员倾听小王的倾诉，使其充分表达对其母亲的思念、对母亲去世的悲伤和无奈等复杂情感。辅导员的做法值得称赞，给了小王一个宣泄的机会，有利于减轻他的心理压力。第二步，对小王深入了解后，给予恰当的回应。辅导员回应的时机和内容的把握，取决于辅导员

的基本功。第三步，帮助小王树立清晰的目标。三个步骤缺一不可，环环相扣，实现了对学生的正确引领。需要强调的是：及时发现因为家庭、生活、情感等原因而出现问题的学生是非常重要的，希望引起老师们的注意。

北京工业大学党委研究生工作部部长　高学金

心理异常研究生的解脱

一、案例概述

胡某，2011 级研究生。性格较为孤僻，不爱与人交流，身体消瘦，曾向导师说明自己患有漏斗胸。开题之后不到实验室，经常去看病。研三之后，仍然不到实验室，避人不见，导师指定专人与其保持沟通联系，但效果不佳。

二、案例分析

经了解，胡某是在新的学习环境中遇到强手而失去自信，又没有很好地处理自己的负面情绪，从而使自己产生更大的挫折感，连同自身健康方面的原因逐渐地使自己产生逃避行为，躲避与老师和同学的交流，产生了心理障碍。

该生因不堪压力而厌学，由身体疾患发展成为身心异常，行为退缩，产生抑郁情绪，最终导致学业问题和心理问题。

与学生进行沟通，倾听他的真实想法；通过心理辅导，帮助其正视学习问题。学生心理问题严重后，运用心理学中原生家庭的影响及相关的精神分析的理论探究该生产生学业及行为问题的原因，与家长进行沟通，了解学生个人意愿，协助学生和家长处理好学业问题。

三、辅导过程

在导师反映了学生问题后，我走访了学生的宿舍，向他周围的同学了解他的日常情况。宿舍同学亦反映与他交流不多，对他也有些不理解。同时，听取其所在实验室其他老师和学生对他的介绍及其出现的异常行为，并提醒其所在实验室的师生给予该同学该生较多的关注。

我与胡某进行约谈，发现其情绪忧郁，担心身体，且行为举止也有一种异样的感觉。因此，我认真倾听学生的叙述，以减轻学生的紧张情绪，让他把真实的想法倾诉出来。通过谈话，他表示愿意按导师要求完成学业。随后我与他共同制定了调整行为的计划，布置行为作业等方式进行心理辅导。因觉察胡某存在一定的心理问题，约谈结束后我叮嘱导师要关注该学生的言行，随时沟通该生的情况，防止其出现意外。

一段时间过后，胡某问题更加严重，向导师提出退学。我与导师沟通后，达成共识：准予学生退学，并请家长把他带回。但在与胡某的沟通中，我了解到其父母对他的真实情况并不十分了解，而且希望他能够完成学业，成为家中的骄傲。对此，我与导师共同约见了家长，与家长进行了长时间的沟通。我了解了胡某成长的历程及其家长的想法，从中我们得出他问题产生的原因是其家庭问题和儿时的创伤。在交流中，我们反复做家长的工作，使其接受学生的现实问题和他的想法，保证学生的安全对学生和家庭是最为重要的。经过反复细致的交流讲解，最终家长接受了学生退学的意愿及现实。导师安排专人帮助其办理退学手续，并为他安排好返家的行程，使他平安地回到父母身边。

胡某安全地回到了父母身边，开始了新的生活并且生活相对平静，过去出现的一些退缩、逃避现象也基本没有再发生，该同学目前在家乡找到工作并且工作生活较为愉快。

四、经验启示

1. 以学生为本

作为教育者首先要充分了解和尊重教育对象的需求及其现实情况，要切实从学生的安全健康角度考虑问题，对学生要给予充分的了解和理解才能懂得学生在学习中出现的一些问题。

2. 建立信任关系

研究生的人格基本形成，又有一定的生活阅历，并且思想较为成熟，一些行为具有较强的伪装性，要改变他们的想法和行为是较为困难的。所以，要与学生建立信任关系，使其愿意与我们交流并把真心话吐露出来。

专家点评：

这是一起研究生因心理障碍导致无法完成学业，最终选择退学的案例。辅导员从导师处了解到胡某的问题后，通过胡某周围的同学进一步了解了他的行为，并提醒同学们关注。辅导员约谈了胡某，通过布置行为作业等方式进行了心理辅导，发现胡某存在一定的心理问题，提醒导师关注学生的安全。可以看出，辅导员工作很及时，处理得也很得当。如果胡某病情不加重，坚持心理辅导，有希望完成学业。胡某问题更加严重后，向导师提出退学。辅导员从学生的安全健康角度出发，同意学生退学并做通了学生家长的工作。辅导员充分尊重了学生的需求和现实情况，做出很大努力做通了家长的工作。这是非常难的事情，辅导员的决定很及时也很准确。目前，研究生的心理问题需要我们高度重视，除了及时发现、及时处理外，更应在其入学后正确引导使其度过适应期。

北京工业大学党委研究生工作部部长　高学金

面对抑郁症

一、案例概述

文科专业同学赵某，在校期间当兵入伍，两年后复原，跟随两届之后的同专业学习。由于该同学当兵之前学业上有一次试读预警，经过咨询后我积极和该同学以及其母亲和小姨联系，帮助她选课，尽量能够跟着该年级学生顺利毕业。

复学之后，老师反映赵某上课积极认真，能够保证良好的出勤，课堂表现良好。但坚持了一段时间之后，情况发生转变，赵某不爱上学。赵某和母亲有矛盾，一直寄住在小姨家中，小姨家孩子今年高考，小姨夫觉得赵某会影响孩子的学习。之后赵某既不在学校住宿也不在家中住宿，选择在男朋友家留宿，并且开始打工，到校上课次数也越来越少。

不久之后赵某的母亲联系我说，赵某和男朋友关系变僵，并出现了很大的矛盾，还报警称男朋友有侵害行为。我联系了赵某，征得该同学同意后，安排她去心理咨询室咨询。经过谈话，心理老师觉得赵某情况有些严重，并建议她去医院进行检查。赵某随后自行前往医院做了检查，结果为抑郁症，等级为中度，病情较为严重。

二、案例分析

根据以上情况，我认为赵某的问题属于心理危机和学业困难。

通过进一步和家长沟通，了解到与男朋友闹僵之后，由于赵某的小姨近期身体不好，孩子要高考，不能让赵某继续寄住家中，赵某又无法和母亲居住，也不愿意在学校宿舍居住，于是家长让赵某一人在学校附近租了个房屋居住。由于赵某病情严重，我和心理老师都不同意她一人居住，存在很大的危险。和家长多次沟通，家长也没有办法。在一人居住过程中，由于药物的副作用和药量问题，赵某也有几次产生自杀念头，并拨打防自杀热线进行咨询。

赵某病情严重，我跟其家长沟通，建议赵某休学治疗，减少压力，对她康复也有很大的帮助。家长和该同学仍选择继续完成当学期学业，希望能够按期毕业。

在此期间，赵某的主要症状有以下几方面：

对前途悲观失望。赵某学习了一段时间，然后选择了打工，觉得学习前景黯淡，没有专业老师进行辅导，前途一片茫然，事情都变得无可挽回和不可收拾。后来分手事件发生后，感到很绝望。

无助感。赵某遇到和男朋友分手事件之后，感到对自己的不幸和痛苦无能为力，除了她的一个要好的朋友和小姨之外很难轻易相信别人，尽管能完全体会到别人的善意，感受到别人在为她操心努力，但她心中的阴影总让她感到帮助不大。

精神疲惫。赵某每天吃药来控制自己的情绪，如果药没了或者主动断药，就会自己瞎想，每天吃了药嗜睡，自己精力已经大大耗尽，想振作也振作不起来，至少无法持久。

自我评价下降。赵某学习上没有了动力，对实际上的成绩也不认为有任何价值，似乎什么长处和优点都没有。自卑中总是隐含着追求的目标或标准太高，而“理想”的追求实际上是不自量力和自我估计太高。抑郁的自我评价下降，伴有自责，甚至有罪恶感。

感到生活或生命本身没有意义。抑郁症患者感到活着还不如死了的好。当和男朋友关系闹僵了之后，像是天塌下来了一样，本来就单调的生活更失去了仅存的色彩，于是产生了自杀的念头。

纵观以上的分析，赵某确实患上了中度的抑郁症。需要医院专业的治疗，除此之外作为辅导员的我也要尽我所能起到辅助作用。

三、辅导过程

针对赵某的情况，我主要做了以下几方面的辅导工作：

首先，帮助赵同学保持平静的心态。心理老师经常进行心理疏导和心理安慰，避免发生不可挽回的事情。该生复学之后的这一段时间，精神状态逐渐变得紧张，感觉前途渺茫，到了新的班级后与同学们比较疏远、比较孤独。由于受抑郁情绪和药物干扰，赵某某嗜睡，身体也有很大的影响，导致课程学习困难，学习成绩无法达到预期效果。赵某某的小姨和我一直通过微信和电话进行沟通，了解她的近况，药物治疗情况，也通过面对面的形式进行了解、关心，在赵某某心目中我作为她的班主任是她在学校唯一能够信任和寻求帮助的人，她感觉能找到可以沟通的人。

其次，与家长保持联系，全面了解情况，冷却家长与学生之间的矛盾。由于赵某某和母亲关系不好，其母亲跟我联系密切，经常向我求助。赵某跟班上课和重修课的压力较大，加上心理情况不太好，学校建议休学治疗，家长和赵某本人不同意，希望继续上学，保证能够正常毕业。但由于病情和药物的副作用，很遗憾的是有一科未通过，无法按时顺利毕业。系里把这个消息告诉家长，希望赵某能够顺利度过这一阶段。同时希望家长不要再给她施加压力，既然已经确定延期毕业一年，那就给她更多的时间去恢复身体，还有一年的时间能够完成学业。

再次，站在学生的立场和角度，帮助她理性地分析目前所处的环境和她的选择是否可行、是否适合自己。在赵某复学之后，他有很多困惑，关于对专业发展的困惑，关于课程、学业是否能顺利完成的困惑，对前途的迷茫等等。当她遇到困难的时候，会找到我进行求助，我能够站在她的角度上帮她分析，虽然课程学习有难度，但这也有一部分原因和药物影响有关，如果调整好心理状态，停止药物后，学业和成绩都会有所提高，经过劝导最终她选择了继续适应看看。

最后，建议她能够进行一些身体锻炼，恢复良好的精神状态。大量研究表明，适宜的体育锻炼可以调节人的心境，产生平衡效益。“体育锻炼可以改善心境结构使愉悦性提高，使愤怒性和抑郁性降低，使心理活动放松，平衡性提高，降低心理疲惫程度。”因此，建议她要有选择地参加有趣的体育活动，从活动中获得乐趣并体验到愉快的感觉。她自己也办了张健身卡，通过如慢跑等活动加强体育锻炼。

四、经验启示

1. 认知情绪调节策略对于大学生的心理健康的促进和维护具有重要的意义。基于当前大学生认知情绪调节策略的多样性和整体呈现积极倾向性的特点，可以认为，以认知情绪调节策略作为大学生心理健康工作的一个新的切入点不仅是可行的，而且有着良好的现实基础和现实必要性。

2. 不同大学生群体在认知情绪调节策略的使用上的显著性差异从静态层面上为心理健康工作者的实际工作提供了依据，如相比于校外社会实践，校内的实践活动对于大学生而言可能更可取等。

3. 不论是就大学生的认知情绪调节策略还是大学生的心理健康维护和促进工作而言，都应该以一种发展的眼光去看待问题，有些表面的问题实质上不是问题而是成长。

专家点评：

赵某存在心理问题和学业困难，班主任了解到情况后安排赵某进行了心理咨询，后经医院检查属于中度抑郁症。班主任非常全面地评估了赵某的状况：对前途悲观失望，无助感，精神疲惫，自我评价下降，感到生活或生命本身没有意义，这充分体现出班主任认真负责的工作态度。班主任全面了解学生情况后，进行了针对性的辅导，主要包括：帮助赵某保持平静的心态；与家长保持联系，全面掌握情况；从学生的实际情况出发，帮助学生处理学业问题；建议学生通过体育锻炼，保持良好的精神状态。这位班主任探索了一条解决心理危机与学业困难交织的学生的成功方法，值得老师们参考。

北京工业大学党委研究生工作部部长　高学金

走出阴霾　让阳光照进心灵

一、案例概述

新生李，右手手臂先天性残疾，手臂仅有正常手臂三分之一的长度。2016 年 4 月 20 日李旷课一天，电话联系不上，我通过宿舍同学了解到李准备复读，所以就不准备再来学校上课了。放弃现有学业选择复读是一件大事，但是李并没有亲自和我沟通，他的家长也没有联系过我，仅仅告诉了宿舍同学。据宿舍同学说，李的态度十分坚决，要先去南京旅行，想再次复读，表示再也不会回来上学了。

李家长表示，李复读过一年，并且有再次复读的想法，最近两天李曾经告诉家里人，不要联系他，也不要打电话，打电话不会接，但是短信会联系。听家长这么说，我感觉到了事态的严重性，但有一点可喜的是，他还同意短信和家长沟通。

旅行的钱来源于家长给他的“理财基金”，李的父亲对李向来关爱有加，十分溺爱这个儿子，所以在李成年以后，他的父亲给了李叁拾万元用于理财，锻炼理财能力。

我和李的家长都认为李是拿着这个钱买的火车票，为了让李接家长的电话，我们给他发信息，晓之以理动之以情，“威逼利诱”，明确表示，如果他不在一小时内亲自给老师或者家长打电话，让家长听到他的声音，确定他是安全的，我们就有理由报警。

在焦急的等待和煎熬了十几分钟以后，李终于和家长取得了联系，并且得知李在去南京的途中提前下车，住在济南的宾馆里。

虽然取得了联系，但是李要复读的态度仍然很坚决，家长不希望他再次复读。通过和家长的沟通，家长也了解到学生旷课满一定的学时数，将给予留校察看处分。最后决定以宽严相济的方式规劝李回家，先断绝李的资金来源，再讲明旷课的严重后果，同时对李加以鼓励，共同努力让他勇于面对现状，对学业重拾信心，第二天李的父亲去银行冻结了银行卡，并亲自去济南找回了李。

二、案例分析

李属于身体有残疾的学生，或多或少存在敏感、自卑等心理状态。在生理上或心理上有某种缺陷的人，活动的场所少，久而久之就会产生孤独感，随着年龄的增长，孤独的体验会日益增强，使他们在学习、生活和就业方面会遇到诸多困难，如果他们从亲属及其他社会关系中得不到足够的支持和帮助，甚至遭到厌弃或受到歧视，就会产生自卑心理，李在日常生活中已有表现。

面对学生离家出走这样的突发事件：

首先，应在和相关人员了解情况的同时，及时联系当事人，任何人都无法取得联系的情况下，应及时报警。

第二，取得联系以后，先安抚情绪，问明原因，寻求解决问题的突破口。

第三，规劝、讲清事情的利害关系，和家长配合，让孩子放下心理负担，回到家人和老师同学身边。

第四，学生返回后，要及时进行心理辅导，鼓励学生面对未来和生活，纠正了错误就是成长，学会承担错误带来的后果，引导其改变心态，认识到问题的严重性，将来不会再犯，这件事能够让他成熟起来是最重要的。

第五，和家长沟通，避免类似事情再次发生，在必要的情况下，和家长探讨改变教育策略。

三、辅导过程

（一）学生离家出走突发事件的处理

1. 首先确定学生人身安全情况，无法确定其人身是否安全时应及时报警，避免错过最佳救助时间。

2. 能够确定其人身是安全的情况下，应尽量稳定学生情绪，让学生放心，去除学生“怕挨说、怕没面子、怕处分给自己带来不良影响”的顾虑，去除顾虑的同时，也应该把事情的严重性和学生交代清楚，宽严相济是很有必要的。

3. 学生的理财观念应该培养，但尽量不要给孩子太多的钱，尤其是平时感觉缺乏责任感，经历的锻炼和历练少，思想波动大的孩子，进行正确的金钱观教育。

（二）学生返回后对学生辅导

通过和李本人沟通，了解到李因父母从小对他溺爱，导致他反而有些自负，认为父母所有的事情都可以迁就他，导致他有这次逼迫家长同意他再次复读的想法。

从责任感、父母对他的期望、老师同学对他的关心、离家出走给家人带来的打击、对学校教学秩序的影响这五个方面和李进行了谈心，回忆过去父母对自己关爱，并告诉他并不是所有的父母都可以做到这样无微不至的关怀，引导李学会感恩。

李反省了自己的错误，知道自己的安危牵动着许多人的心，也明白了自己已经长大，应该逐渐承担起家庭的责任，懂得了即便学业不理想，也应该用自己的力量去改变，而不是把责任转嫁给父母，只有面对现实，从哪里跌倒从哪里爬起来，才是真正的强者，并且表示珍惜现有的学习机会，以后再也不会犯同样的错误。

（三）与学生家长的沟通

和李母亲的沟通中，对李的成长经历进行了了解。李的家长因为孩子的先天残疾，始终感觉自己亏欠孩子，不让李参与家庭劳动，觉得他无法处理家务，心疼他，认为不让他干活是对他的一种弥补，而且在李没有理财经验的情况下，给了李过多的钱，最后在教育孩子方面我们在以下方面达成了一致：

1. 家长要忽视孩子的残缺，把他当作正常孩子来培养。勤能补拙，笨鸟先飞，残疾孩子的先天性条件比不上正常的孩子，但是，事在人为，只要多花精力和时间，一定会有所收获，甚至取得比正常孩子更高的成就。忽视孩子的残缺，也让孩子自己忽视自己的不足，让孩子少了自卑，多一份正常人的心态。

2. 教育孩子“身残志坚”，正视自己。敢于正视自己的缺陷，敢于把自己的缺陷暴露在全世界的观众面前。敢于面对自己，敢于挑战自己。

3. 父母重视心理教育。残疾孩子更敏感，心灵更脆弱，他们渴望别人能尊重自己、保护自己、理解自己，父母应尊重、亲近孩子，多给予平等参加家庭生活的机会和权力。关爱不是溺爱，不能包办代替，让孩子做一些力所能及的事情，即使有一定的困难，也一定要让他亲自去尝试，只有自己动手，才能从中获得成功的喜悦，增强自我成就感。

四、经验启示

1. 重点关注特殊学生。新生入学，对学生情况进行全面了解，对有心理问题、生理缺陷、离异、孤儿的同学，重点了解关注，加强和家长的联系。

2. 辅导员在遇到学生离家出走或者失联时，想办法联系学生，安抚学生情绪，不能取得联系及时报警。面对类似的事件时候，一定要自己先保持冷静，切忌不知所措。

3. 事后一定要找学生谈心，了解学生当时出走的原因，是一时的情绪发泄，还是积累下来的负面想法。如果是积累下来的想法，那就要对之前发生的事情进行了解，互相进行探讨，加深沟通，与学生取得彼此理解和信任。

4. 与学生的沟通过程中，注重沟通技巧，不急于求成，要有爱心、耐心、细心，反思教育过程，根据每个学生的个性、性格，制定谈话内容。

5. 提高与学生谈话的质量，学生能信任辅导员，接受辅导员给出的建议与意见，作为辅导员应在思想上认识到教育学生是一门艺术，不是单靠情感，也需要知识和经验的积累，需要技巧的灵活应用。

专家点评：

辅导员处理此次学生离校准备放弃现有学业复读事件响应非常快，处理问题思路清晰，有条不紊，效果显著。辅导员对特殊学生李非常关注、关心，也建立了比较好的信任关系。辅导员发现学生李旷课后，及时向他的同学了解情况，然后按照三个步骤开展工作。第一步，确定学生人身安全，必要时报警，能够联系到学生后劝说学生返校。在这一步，体现出辅导员安全稳定意识很强，对学生也特别关心。第二步，对学生进行辅导，使学生充分认识到其所犯错误，引导学生学会感恩。第三步，考虑到学生的特殊性，家庭教育很关键，学校需要得到家长的支持。辅导员考虑问题很周全，联系家长的方式也很妥当。在“经验启示”部分，辅导员提到的重点关注特殊学生以及提高与学生的谈话质量非常重要。

北京工业大学党委研究生工作部部长　高学金

正确处理单相思

一、案例概述

木木（女）是大学二年级的学生。该生长期关注新闻、网络媒体等有关女大学生被害、内脏器官丢失等方面的宣传，导致出现心理焦虑、恐慌，不敢出校门的现象。该生是从美院附中考入我校，入校时为集体户口，学院将该生与北京户口的学生划分为同一个宿舍，该宿舍的北京生周末都回家，只剩下木木一人，不敢在宿舍中居住，晚上给家长打电话长达 2 个小时，说她害怕，心理恐慌。

木木跟男同学沟通交流有障碍，害怕跟男生交往，总觉得男生看她的眼神不对，看到男生吸烟、饮酒，心里害怕。因此，出现上课请假，或者旷课的现象。木木同学是艺术类的学生，因此，在专业课程中，避免不了接触到男性人体课程，木木同学称自己接受不了这种课程，不能正常上课，也不能完成老师布置的作业，要求换专业。

2016 年 6 月份，辅导员老师又从木木同学的微信朋友圈里得知，她暗恋上一个本部的男生。他们是在羽毛球馆健身房认识的，只是一面之交，木木同学对该男生一见钟情，甚至还想公开去追求这个男生。

二、案例分析

木木同学属于偏执型人格，并存在人际交往和异性沟通障碍等问题。

偏执型性格女学生在高校大学生中比较典型，人际关系比较紧张而且容易引发严重后果。高校学生偏执型人格的产生主要受成长经历、生理特质、遗传因素、家庭环境的影响。木木同学长期关注新闻、网络媒体等有关女大学生被害、内脏器官丢失等方面的宣传，加重了她这种偏执型人格。

人际交往是人与人之间最基本的交往活动。人际关系是大学生成长发展的主要外部环境，是其大学生活的重要内容，良好的人际关系有助于大学生的心理健康，是其正常学习和生活的基本保证。大学生的生理、心理与社会化的协调发展中存在这样或那样的矛盾冲突，理想自我与现实自我往往会发生矛盾。面对这些问题，木木不能很好地适应环境解决问题，便会产生一系列的心理障碍，导致人际交往出现了严重的问题，没有同性伙伴，不能正常地与同学相处。

异性交往，本来是很正常的社交活动，但是木木同学对她的只有一面之交的心目中的“男神”单相思，在对此男生不了解的情况下，想疯狂的公开的追求该男生，在恋爱观上出现了严重的错误倾向，与异性交往中出现了严重的问题。

木木的问题，应该采取有针对性的专业心理辅导，同时加强日常心理疏导。

三、辅导过程

针对木木的问题，我联系了学校心理咨询中心，并建议木木去做心理咨询。除此之外，我主要做了以下几方面的工作：

用心去了解木木的内心独白。木木同学无法接受男人体的写生课程。其实，这是孩子内心的成熟、成长的过程，我没有批评她，指责她，而要尊重她的观点，她的态度，不用勉强她做一些自己不能接受的事情。相反，我们应该让她自己去解开人生道路上所系的这个结，这就是所谓的解铃还须系铃人。也许这只是青春期阶段的反应，等学生逐渐成熟、思想观念有所变化，不用任何人劝说，她就会自己转变了。通过这样先慢慢拉近和木木的心理距离，从而更好地去做她的心理工作，解决实际问题。同时我与任课老师进行沟通，此课程让木木同学由写生变成临摹，回避直接面对男人体写生的这个过程。

委与重任，帮木木重拾信心。每个学生都希望得到老师重视，在同学老师面前发挥自己的特长，博得大家喜爱。我把部分学生工作交给木木负责，给她展现自己的机会，使她有一种集体存在感。她很用心，很认真，工作得到了大家的肯定。在系学生干部培训会上，辅导员把主持人的艰巨任务交给了木木和一个党支部书记，她们出色地完成了任务，博得了掌声。由此看来，只要给她机会，敢于放手给她重任，给她充分的信任，她是能很好地完成任务的。

引导木木正确对待异性。针对“男神”单相思的问题，我对木木同学进行心理疏导，引导她正确的与异性交往，正确处理好与该男生的关系。告诉她，作为校友、同学，可以先当好朋友相处，对待感情问题，要冷静对待、处理，赶紧把自己拔出来。同时假设了一些最坏的结果，说给木木同学听。木木同学表示能接受老师的观点，思想观念慢慢转变。

通过一系列的举措，木木和我的关系更近了，在工作中慢慢找回信心，融入集体，对待自己欣赏的男生也不再像以前过于激进。

四、经验启示

通过木木同学的案例，让我更加体会到，在和管理和服务学生们的时候，应该做到：

要培育温暖、健康、和谐的班风。班里的同学来自五湖四海，班集体就好像一个大家庭，温暖、和谐的家庭会使人生活愉快，心情舒畅，因此，辅导员老师应努力培育优良学风、班风，创造团结、和谐的班级氛围，使同学们在学习上相互帮助，共同进步，生活上，互相关心，互相照顾。

要照顾个性，因材施教。辅导员在教育学生过程中应根据学生的气质、性格特点等，有针对性地开展工作。例如，对于抑郁质的学生，辅导员切忌公开指责，要加倍关怀和爱护，要根据他们的体力、能力和潜力适当调整要求，鼓励他们勇敢面对现实；对于内向型性格的学生，辅导员要细致耐心，鼓励他们参加班集体活动，激发他们对事物对他人的兴趣，提高他们的环境适应能力，帮助他们融洽与老师同学的关系，要引导大学生树立正确的恋爱观。大学生恋爱是个人生理和心理发展的必然。作为教育工作者，本着教育学生成人成才的目标，正确引导学生树立正确的恋爱观，让学生会谈恋爱，这也是更好地为社会培养有责任感和社会伦理道德的建设者，不能等学生犯了错误，校方才加以介入，加以处理，平时对学生多一些叮咛和监督，这样会有利于学生的健康成长；引导学生全面地看问题，理性地分析问题，在思想上给学生引领正确的方向很重要。

作为辅导员，做好学生的思想工作尤为重要，同时，这也是一个极为复杂的问题。每个学生的思想素质和个性特征各不相同，我们在做学生的思想工作时，要对学生采取不同的教育方式，遵循“因材施教，积极引导”两项基本原则。要用我们的真心，去倾听孩子内心的心声，陪伴孩子们健康的成长。

专家点评：

不良心理暗示、莫名恐惧情绪和暗恋痴迷异性是偏执型人格普遍存在心理问题和人际交往障碍的普遍表现。对于处在青春期和成年转型期的大学生，其生理、心理与社会化的协调发展中会存在这样或那样的矛盾冲突，理想自我与现实自我往往会发生矛盾，面对这些问题，学生不能很好地适应环境解决问题，便会产生一系列的心理障碍，导致情绪心理和人际交往出现严重的问题。针对木木的问题，辅导员老师引导她接受专业心理辅导的同时，有效地进行了日常心理疏导。

辅导员能够考虑到学生的个性特质因材施教，针对不同气质类型，考虑到受成长经历、生理特质、遗传因素、家庭环境的影响，学生会出现各种各类问题，讲求思想工作方式，寻求有效工作方法，经过耐心细致的努力，最终取得了良好的疏导教育效果。按照心理学关于亲密关系的概念，亲密关系指的是特殊的朋友，更加的要好，有依赖、信任，对于心里话会更愿意去为你而沟通，而本案例所涉及的暗恋情感问题只是单相思，属于异性交往障碍，不属于亲密关系范畴，建议案例题目不使用亲密关系概念。

北京工业大学外国语学院党委书记 王燕霞

错误的恋情

一、案例概述

学生小华是个清秀而有才华的女孩子，虽家境贫困，但个人努力，学业成绩出众，在大学本科学习期间获得了较多的荣誉，并考入了本校研究生。本该是顺利而平静地完成学业，但是就在其上研究生一年级第一学期即将结束之时，这平静的学业生活被打破。

2013 年 10 月份，学院学生工作办公室接到一个陌生女士 L 的电话，对方说学生小华勾引其夫，并与其夫发生了不正当的男女关系，干扰了其家庭生活，强烈要求学校处理该生。

二、案例分析

此事源于 L 女士的举报。我们定性为学生校外涉足他人家庭并发生非婚性行为问题。在事件中学生实质是充当了“第三者”的角色。

本着对此事要消除不良影响，保护学生隐私的理念来处理该问题。我的基本思路是：在保障学生基本隐私的前提下，联合导师对学生本人开展深度辅导及必要的教育；形成书面材料汇报学院党委、研究生工作部；对后续可能出现的问题进行预判，必要时启动应急预案。

三、辅导过程

（一）辅导过程

在接到举报后，学院给予高度重视。我首先找学生核实情况，开展调查。首先约谈小华同学，与其进行了严肃的谈话。小华同学在谈话中讲述了事情的经过：

在2013年本科毕业季，小华到一家贸易公司去打工，在那里认识了值班经理邓某，其对小华很照顾，使小华对其产生了好感。两人的交往进行了两个多月后，小华发现其已有妻儿，要求结束来往，但邓某反复纠缠，并声称其婚姻十分不幸，准备与其妻离婚。小华同学对此深信不疑，并安慰邓某，在已知其有家室的情况下，与其交往。两人交往很快被邓某妻子L（即反映问题的女子）发现。小华得知L已知此事后，和邓某提出断绝来往，并与L面谈澄清事实，表示不再与邓某来往，并向其道歉。

此后，据小华说一直拒绝与邓某再见面和联系，而邓某仍试图与小华联系。9月初，小华曾与邓某通过一次电话，电话中小华再次提出断绝一切来往。小华随后把此次电话的录音交给了学校老师。

在和小华的谈话中，我就她所做出的不当行为进行了批评教育，同时要求她中止与对方所有的交往联系。然后与该生导师一起，相互配合深入开展了思想工作，使其深刻认识到自己言行的错误。学生按要求中断了与对方的联系，并更换了手机号、QQ、博客等通信工具，并拒绝邓某的来信。2014年寒假前，L与其夫邓某找到学校，要求与小华对质，要求小华承认主动追求邓某，并非邓某追求小华，同时要求学校给予小华处分。学院副书记和我认真听取了L的陈述，并就一些问题向邓某进行了印证。其内容基本与小华的陈述吻合。

之后，学院副书记代表学院向L及其夫邓某表示，已基本了解情况，对学生进行了严厉的批评，明确学生在知道邓某有家室的情况下仍与其来往是错误的行为，并会对其按照校规校纪做出相应处理。同时表示学院不提供和参与学生与其家庭见面对质，并已要求学生不要与该家庭发生任何联系，也希望L和邓某过好生活，也不要与小华同学发生联系。学校一旦发现小华与邓某再有联系，将从严从重处分学生。L表示接受学校的处理意见，离校。

随后，学院就此事向研究生工作部做了汇报。

但随后的两年中，L女士多次到校要求与学生对质辩论，要学生承认是其勾引邓某，责任在学生而非其夫。学院均给予认真对待，耐心回应，我们也多次要求学生不要在与对方有生联系，学生自2013年10月后并没有发生打搅对方生活的行为。为保护学生，我们认为学校出面组织对质不妥，故未答应安排双方的见面并再次重申会加强对学生的教育管理，也希望L能过较好生活并理解校方的处理。此间，学院也多次向研究生工作部汇报此事，学院处理意见和方式得到研究生工作部的认可，同时也得到了研究生工作部和保卫处及有关校领导的指导。

在事件处理过程中，学院也与导师达成共识，严格管理该生，并不断对该同学开展思想教育，使其逐步认清事件的性质和影响之恶劣，同时，也注意做好该生的心理疏导，毕竟L女士一次次到校搅闹也严重干扰了学生的正常学习生活，给其声誉带来了不好的影响。

（二）辅导效果

学院经过反复做工作，与该生家长及亲属达成一致意见：由学生家长在校外与邓某夫妇进行一次会面，将问题谈清。经过双方沟通，达成一致意见，L表示不再到校干扰学生生活。小华同学也在此后得以踏实完成学业，顺利毕业。

四、经验启示

1. 对研究生的教育管理还需要拓展到社会认知层面，树立正确的恋爱观

本案例是一起典型的女学生受骗上当误成“第三者”还自以为是的案

例。其问题的出现首先是学生社会经验不足，涉世未深，对恋爱抱有幻想，其在事件中表现出对这段感情经历虽承认是失败的结局，但不情愿承认其行为是错误的，认为自己在帮助邓某。其次，学生自我保护意识不够强。小华在整个事件中虽扮演了个不光彩的角色，但也是受害的一方，但小华并没有完全的意识到，在处理这类问题中应该如何自我保护。其三，小华同学家在农村，有一定的旧观念，因此，一直不愿让家人出面帮助其处理此事，直到这件事情严重干扰到其个人学习生活后，不得已才请家人出面处理此事。

从上述来看，我们应该加强对学生的人生观、恋爱观教育和情感认知教育，在这方面，我们的教育中存在着弱项。当代大学生在这方面既有随意的一面，也有迷茫的一面，更有对“一夜情”后果难以把控的一面，所以，通过这一典型的案例，我们应该加强对学生的恋爱和情感认知和分析教育。使他们认清什么是真正的“爱情”，应该怎样去对待“爱情”。

2. 加强学生的心理疏导，能够更加理性和成熟地处理问题

在处理这类事件中，我们还是要加强对学生的心理疏导，使学生要知晓如何在校园环境中保护自我，在事件中认清自己的角色。此事件的持续时间之长和复杂，原因之一也有小华同学自身存在的执拗和倔强，其自始至终认为是L的问题导致了这个事件，而邓某是L的家暴受害者，自己是同情者。如果我们在这方面多做一点工作使学生认清自己其实也是一个受害者、受骗者，敢于面对事实，可能会加快事情的彻底解决。

3. 在处理这类涉及校外人员和社会事件的问题，需要多个部门联手，必要时借助法律手段来处理会更有效

事件中，我们对L和邓某采取了较大的容忍度，也是致使L一次次到校园来搅闹干扰校园正常的生活秩序的原因。因此，在处理类似涉及社会人员和校外发生的事件时也应该采取社会手段，请求公安机关给予协助解决。

专家点评：

面对突发出现的学生校外涉足他人家庭并发生非婚性行为问题。辅导员工作思路清晰、措施及时有效，本着对此事消除不良影响，保护学生隐私的理念来处理该问题；采取联合导师对学生本人开展深度辅导及必要的教育，形成书面材料汇报学院党委、研究生工作部，对后续可能出现的问题进行预判，必要时启动应急预案等工作步骤。学院副书记及时跟进和指导工作，特别是经过反复做工作，与该生家长及亲属达成一致意见，妥善处理了后续问题，使得问题得以顺利解决，涉事学生踏实完成了学业。

研究生群体面临着学业、职业和婚恋各种压力和重要抉择，开始广泛接触社会各类人群，人生观、价值观和世界观面临冲击和考验，特别是在情感和金钱面前，如何抵御诱惑，防止上当受骗，需要研究生更加理性和成熟地思考和处理问题。需要研究生教育工作者加强对学生的人生观、恋爱观教育和情感认知教育；在处理这类涉及校外人员和社会事件的问题，需要多个部门联手，必要时借助法律手段来处理会更有效。

北京工业大学外国语学院党委书记　王燕霞

逃避军训背后的真相

一、案例概述

军训前一天，在系学生会主席小强的陪伴下，小玉来到学工办公室找到我，小强作证说小玉在午餐过程中晕倒，想要申请免训。去年小玉因刚做完心脏手术军训办理了缓训，今年是补训。在详细询问事发经过后，我建议小玉立即去三甲医院检查治疗，根据医生的诊断证明来判定小玉是否符合免训条件。

第二天一早，小玉在人人网发状态如下："感觉在北影上了那么久的课，正事儿没干，那点技能全用在骗老师了，学弟学妹们，有木有人不想站那儿军训吖，学姐带你们去校医院开假条，哈哈。"学生干部将此条状态给我看了。

二、案例分析

当看到小玉在人人网发的这条状态时，我第一反应她昨天是在演戏，假装晕倒想逃避军训，感觉到上当受骗，对她有一种生气和失望的情绪，但接着告诉自己一定要冷静。作为辅导员，先放低姿态，站在尊重理解的角度，真诚地倾听学生自己的解释，然后再通过深入调查，弄清事情的真相。

三、辅导过程

我请来小玉询问实情，小玉站在我的身边，我感觉她是紧张害怕的，她担心我会责备处罚她。但我并没有一上来就讲大道理，因为这样的后果只是表面上唬住了她，内心并非心悦诚服，而是先请她坐下，温和地让她先说，消除她的紧张感，设身处地体察她的心理状态。

小玉给我看了看学院附近医院开具的证明，证明上写是营养不良，低血糖，建议休养。然后开始辩解，说是因为和她男友最近在冷战，连续几天由于感情问题茶饭不思，昨天的确是晕倒，除了小强可以证明之外，还有几位同学也可以作证。她希望见到男友，但又想维护自己那点小女生的自尊心，羞于说出口，发这条状态是希望男友看到，他能到校医院找她。她说自己的人人网好友里几乎没有学弟学妹，一再强调不是骗老师，希望我能够理解她。

小玉在叙述过程中情绪不时失控，哭泣。我边倾听边递纸巾，并把糖果给她吃，在耐心地听完她的倾诉后，我没有批评她，更没有歧视她，而是安抚她说首先很感谢她能够把自己的感情问题告诉我，我希望能够帮助她，对她的问题表示关切、理解，也很自然地谈起自己大学时代的感情经历和我对婚恋的看法，力所能及地开导她。我也告诉她我会再去问问小强和别的同学，进一步调查，告诉她不要有心理负担，调查也是为了还原事实真相。现在最重要的是调整好状态，她要照顾好自己的身体，先吃点东西，好好休息。

在听了我的回应后，小玉似乎有点惊讶，她接着说自己没想到我没有严厉批评她，很后悔因为男友发了那样一个状态，造成了不好的影响，是很幼稚的行为，并希望我好好调查，还说小强是清白的，不要为难他。她反复地道歉说对不起，并进一步说因为是补训，大一的都不认识，的确有不想军训的念头。她感谢老师的信任，保证明天能按时到操场参加军训。

第二天小玉去了操场，由于她的身体条件，我安排她在操场做服务性工作，最终坚持如期完成了军训任务。

期间，她两次主动来办公室找我，和我聊她与男友的故事，我都耐心地倾听，力所能及地开导她，也对她提出了一些建议。这种辅导方式获得了良好的效果，她对我先是感激，逐渐信任，主动来找我聊心事，进而是尊敬，师生间的情感更加贴近了，作为学生的她收获了感动和成长，作为辅导员的我也收获了喜悦和成就感。

此后，在与小玉、小强、班主任和其他同学多方交流了解后，也逐渐弄清了事件的真相。

暑假期间，我发短信问她最近怎么样，和男友和好了没有？她回信说："老师还记得我，我真开心，已经彻底分手了，不过没关系，我自己已经调节好了。我现在在实习，觉得很充实，xx 电视台这几个周末的儿童剧场节目都是我做的哟，爸妈看了很开心，这个假期积累了不少作品，感觉自己静下来也找到了兴趣和方向了，不像以前每天生活都围着他转，其实也没有想象中那么坏。在我心里最难受，同学朋友又都不在的时候有老师您在，能愿意听我讲我的委屈。幸好有您帮我度过了最最难受的那个坎，也不知道该怎么表达我心里的感动，祝老师每天都开开心心的，永远健康漂亮吧。"看到她的短信，我真心地为她高兴。

四、经验启示

1. 尊重理解，同龄心态；深入调查，不可盲信

辅导员与学生有身份的差异，个体差异也很明显，性格、爱好、学识修养和人生阅历等都存在着不同，由此思想观点、解决问题方式也会出现不一致。此时，我们需要放下身架，洗去古板，多一些宽容尊重，多一点理解，用同龄人的心态，把学生当作与自己地位平等的人，对待学生的弱点、缺点或错误，要给予真诚的帮助，从而拉近师生的距离，实现教育目的。

当面对出现的问题时，身为辅导员，不可盲信，只有深入的调查，弄

清了事件的真相才有发言权，才能更好地解决问题。

2. 倾听让关系更亲密

任何人都渴望被了解，作为辅导员，要想了解学生，重要一点就是学会倾听，允许学生倾诉，表达真实的所思所感，学生在倾诉过程中不仅能理清自己的思绪和感受，也能感觉到被重视，能让师生二者关系变得更亲密。辅导员最忌讳一点就是盲目说教，讲的大道理貌似正确，却没有说到学生的内心。良好倾听的要点是“同理心”，同理心需要我们辅导员暂时搁置自己的成见，进入学生的经验世界，认可学生的感受，“把学生当回事”，才可能达成教育的效果。

3. 重视大学生的情感教育

大学生是情感丰富的人群，在校园里谈恋爱已屡见不鲜，但由于大学生的年龄层与较少的人生阅历，对待情感问题较为简单幼稚。小玉和男友产生矛盾后，痛苦万分，无法自拔，几天都吃不好睡不好，缺乏理智的驾驭能力，没有一点心思放在军训任务上。

我在辅导员工作中还接触了不少因情感问题而影响日常学业生活的案例，个别甚至出现酗酒、出走、失踪或自杀等极端行为。因此对学生进行有针对性的情感教育十分重要。情感教育内涵丰富，比如人生观、爱情观教育、两性心理差异教育和情感误区纠正等。教育形式上有课程、讲座和座谈等，尤以深入细致的个别教育引导为重。

辅导员身处教育第一线，尽管辅导员教育管理的学生人数众多，时间和精力常被具体繁琐的事务性工作所占据，但仍然是对大学生进行情感教育的主导力量，需要重视此项工作，并与心理健康教育相结合。

专家点评：

学生开病假条逃避军训的类似情况时有发生，得知学生发帖的不当言行，辅导员没有就事论事，而是先放低姿态，站在尊重理解的角度，真诚地倾听学生自己的解释，然后再通过深入调查，弄清事情的真相。辅导获得了良好的效果，学生对辅导员先是感激，逐渐信任，主动来找辅导员聊心事，进而是尊敬，师生间的情感更加贴近了，学生收获了感动和成长，辅导员也收获了喜悦和成就感。

案例对于我们对待学生身上发现问题的观念站位、处理方式和教育理念都很有启发启示。当面对出现的问题时，身为辅导员，不可盲信，只有深入的调查弄清了事件的真相才有发言权，才能更好地解决问题；尊重理解，同龄心态，不能俯视对待学生的弱点、缺点或错误，要给予真诚的帮助，而不能歧视讽刺，从而拉近师生的距离，实现教育目的；只有倾听让关系更亲密，良好倾听的要点是“同理心”，同理心需要我们辅导员暂时搁置自己的成见，进入学生的经验世界，认可学生的感受，“把学生当回事”，才可能达成教育效果。

北京工业大学外国语学院党委书记　王燕霞

一名未婚先孕研究生的事件处理

一、案例概述

2015 年 4 月初某个周末，我接到研究生张某导师的电话，说觉得张某最近不对劲儿，经常不在实验室，讨论班也不参加，布置的任务也完不成，希望我和她谈谈。

接完导师的电话，我第一感觉是可能师生配合出了问题。经过认真的了解，我得知张某一直住在男朋友处，已经怀孕八个月，要生孩子，张某拟申请办理两个月的病假手续待产，但张某没有办理结婚登记手续，同时坚决不补办结婚登记手续。经询问她从来没有做过孕检，家长也不知道她恋爱、怀孕的情况，同时她也不允许老师将此事通知家长。

二、案例分析

（一）案例分析

通过和张某的接触，我认真分析了张某的情况：张某导师的异常感觉并非是师生配合是否默契的问题，而是张某个人的原因导致的。本来在读研究生生孩子是很正常的事情，国家法律、计生政策、学校管理规定都是允许的，但需要办理结婚手续，在合法的条件下才允许。张某面临生产坚决不登记结婚，而且不同意学校通知家长，因此我认为她的感情生活不同寻常，更重要的是如果生育将是违法生育。

基于此上分析，我认为这是一起研究生未婚先育的事件。

（二）解决方案

1. 与院主管学生工作领导沟通，说明学生的情况；

2. 了解学校研究生有关婚育政策，耐心做张某的工作，劝说其办理结婚登记手续，并到医院进行产前检查；

3. 征得张某同意，将其情况通知家长，请家长共同做好张某工作。

4. 与导师沟通，了解学生学业进展情况，请导师协助做学生的工作。

三、辅导过程

（一）辅导过程

我对张某做了以下工作：

第一时间将张某约到办公室，问明情况。通过谈话我了解到张某怀孕八个月从来没有做过产检，这直接关系到张某母婴安全和健康，没有办理结婚手续还会影响她住院生产。作为一个27岁的在读研究生这些问题的重要性和严重性应该是知晓的，但她却甘愿冒如此大的风险来孕育和生产，并且无论如何坚持不办理结婚手续，也不许通知家长。这是我怀疑她怀孕不正常的重要原因。

为此我首先向学校计划生育办公室和研究生工作部进行咨询有关政策，答案是：学生在校期间违法生育的，学校视其情节轻重给予相应处分。党员（张某是）应按照《中国共产党纪律处分条例》的规定处理，这一规定也明确的写入了学生管理手册。

其次，坚持并强烈要求通知她的家长。在征得她同意之后，由她本人与父亲先通了电话，之后我把她怀孕的情况告诉了她的母亲。张某父母起初接受不了事实。在我的强烈要求之下，答应来学校共同处理孩子的事情。

在学生留下父母电话之后，我们的第一次谈话结束了。这次谈话基本达到了了解学生怀孕的现实情况并通知父母的目的，但学生恋爱怀孕的真实情况父母却不甚了解。

基于目前社会上关于女孩生孩子被害或生完孩子处置不当犯罪的案例很多，我对张某的状况非常担心，但多次打电话联系不上，询问同学、老师和宿舍管理人员，均没见到她。万般无奈之下，我再次联系了她的父母，但得到的是其父（事实上是她留的是父亲的名字，电话号码是那个使她怀孕的男人的电话号码）的恶劣态度，我怀疑她父亲的身份，况且之前她父母说2－3天内来学校，都过两天了还没到校，我很担心他们不来。

于是我通过档案馆查到其父母电话，再次联系上她的父母，得知，张某在第一次约谈后的第二天便回到家里。至此，我认为学生是安全的，悬着的心放下了。

张某回家后的第十二天，张某母亲和舅舅来校，首先向我和导师表达了歉意，说明了她拒绝接我电话的原因；其次表示感谢，感谢老师们对张某的关心。在此之前家长对张某恋爱和怀孕的事情丝毫不知，张某春节过年回家时已经怀孕五个多月，父母均没有发现；再次，说明了张某恋爱对象的情况：对方是比张某父亲还大一岁的五十多岁的男人，说是一个小型公司的老板，这个人说先叫张某把孩子生下来，过一年多以后他再和妻子离婚，然后再娶张某。家长给张某揭穿了所谓的爱情骗局，张某也有所悔悟并做了引产手术，术后知道由于母体营养不良孩子发育不正常。家长感谢老师不但救了张某还救了全家，如果把孩子生下来家庭将面临巨大的道德和经济压力，日子将苦不堪言。最后张某母亲表示，由于担心张某和那个男人再有瓜葛，决定张某返校后来北京陪住。

（二）工作成效

1. 张某引产后身心健康，并对事件有深刻的反思。

张某引产满月后返回学校，身体恢复很好，其父母也因做通了她的工作而没有来北京陪住。张某回校后同我做了一次深入的谈话。张某对自己的事情后悔不已：她和那个男人是在网上聊天认识的，从内心深处觉得自己不但上当受骗了，而且做第三者是很不光彩的。同时对我表示深深的歉意：张某当初留的电话是那个男人的号码，但用的是父亲的名字，骗了老师，如果不是老师认真负责，事情就不可想象了。张某表示是我救了她，改变了她的命运，否则她将失去学业，成为一个被人耻笑带着残疾孩子生活的单身母亲。

2. 张某顺利毕业，找了一个非常不错的工作，并且落实了北京户口。

在各方面对她的关心和教育之下，张某放下了思想包袱，将自己的生活和学业管理得非常好，表现得坚强、自信、乐观，学习和工作上非常努力，不但利用三年的时间高质量地完成了学业，还找到了一份非常不错的工作。

四、经验启示

1. 研究生的教育和管理导师起着至关重要的作用

由于导师和学生朝夕相处，对学生的问题随时都会觉察到，导师的关心和介入将提高我们辅导员工作的针对性和实效性。

2. 要对研究生进行必要的婚恋和性知识教育，重视思想道德教育

研究生的培养不但要重视知识和技术，还要关心学生的生活，尤其是研究生正处于人生恋爱婚姻阶段，虽然恋爱婚姻自由，但要教育学生遵守恋爱婚姻法律、法规和社会道德，不要做第三者，在明知对方有家庭有配偶的情况不要介入他人的感情生活。要对研究生进行有关性知识的教育，学会在性行为中保护自己和不伤害对方。

3. 辅导员要利用和学生接触的机会开展深度辅导工作

辅导员要抓住和学生接触的机会同他们聊天谈心，细心观察，从中发现问题，将不良事件解决在未发生之前。辅导员在为学生做事情时不能简单应付，得过且过。

4. 遇学生有重大问题时，及时与家长沟通，共同做好学生的工作

我们在解决研究生存在的问题时，有时会有“都二十多岁的人了，不用告诉他们的家长”的思想。其实，家长的关心教育会给我们的工作提供

助力，进而增强我们工作的实效。

专家点评：

研究生的婚恋生育已经成为高校研究生教育管理面临的普遍问题，未婚先孕情况时有发生，而此违法生育事件是个很棘手的问题。导师发现问题并反馈给辅导员，辅导员及时确定工作方案并开展了及时有效的辅导工作，不仅帮助学生妥善解决了非婚生育问题，还彻底解决了第三者恋的问题。学生引产后身心健康，并对事件有深刻的反思，学生顺利毕业，找了一个非常不错的工作，并且落实了北京户口，拯救了一位走入错误婚恋歧途的女研究生。

虽是个案，但对加强研究生婚恋生育教育管理工作很有启示。作为研究生培养的第一责任人，导师对学生的关心关注至关重要，如果早发现早介入，更有利于学生身心健康，更有利于辅导员早干预早解决；要对研究生进行必要的婚恋和性知识教育，重视思想道德教育，教育学生遵守恋爱婚姻法律、法规和社会道德，特别是在明知对方有家庭有配偶的情况不要介入他人的感情生活，并且学会在性行为中保护自己和不伤害对方；辅导员要利用和学生接触的机会开展深度辅导工作，辅导员要抓住和学生接触的机会同他们聊天谈心，细心观察，从中发现问题，将不良事件解决在未发生之前；遇学生有重大问题时，及时与家长沟通，共同做好学生的工作，家长的关心教育会给学校的工作提供助力，进而增强工作的实效。

北京工业大学外国语学院党委书记　王燕霞

打开心结，直面挑战

一、案例概述

学生 Z，大一以优异高考成绩从外地考入北京，进入了自己高考首选专业。大一积极面对新的学习、生活。大二开始，同学反映该生经常逃学。经过辅导员了解，该生有厌学情绪，整天除了三餐之外就是宿舍睡觉、网吧上网，感觉毫无动力和希望。大二上学期一些考试旷考，面临一次试读。经过多次交流和深度辅导，Z 同学最终走出困惑，直面人生，学业和生活上步入正轨。

二、案例分析

在学生 Z 的身上体现的是大学生活不适应、人际关系不适应等问题，针对这样的问题，我首先要获得学生的信赖感，帮助他挖掘自身优势，协助他自我探索，鼓励他坚持不懈，恢复自信。

三、辅导过程

大二下学期，我来到学院担任党委副书记，与学院学生干部交流时隐约听说了学生 Z 的状况，专业辅导员、班主任的话基本不听，曾一度关闭手机以示逃避。我去宿舍找过几次未果，有一天听说其在宿舍，我直奔其宿舍，终于见到了学生 Z。学生躺在床上，睡眼惺忪，脸色煞白。我在自我介绍时，他睁不开眼睛，床上物品乱成一片。在与之前班主任沟通了解到学生 Z 什么好话都听不进去。我尝试着寻找共同的话题。

我：“Z，你吃过饭没？需要买饭给你吗？”他：“没吃呢，不用了。”

我深叹一口气，“你从那么远的地方考到北京来上大学，就在这消磨时光？”他：“大学生活没意思，等着被退学呢。”

我“听说你刚入学是挺阳光的啊，怎么变成这样？”他：“哎，无所谓啦，反正现我就是这样子。”

看到他不愿意提之前发生的事情，我感觉情况很糟糕。我说：“我也是从外地考到北京来读大学的，你的父母要是来了该多失望啊？今天外面阳光可好了，你起来看看，下午找时间去洗个澡，理个发，让自己有点精神行不行？明天一早我希望看到一个新的你，你能给自己一次机会吗？”之后我结束第一次谈话。

第二天一早，他来找我，让我感觉到了希望。经过深度交谈，我发现他自暴自弃的原因所在，他从小生活在大山里，自己对世界的认识大多建立在书本上，来到北京之后，本来对未来生活充满了憧憬，但是因普通话说不好、观点不同，经常受到其他学生的嘲笑，自信心备受打击，之后因为家庭父母离异，对未来彻底失去了信心，并以逃学方式作为对现实的抗议。大二上学期因为缺课太多，学习成绩极为不理想。我了解了他真实的情况之后，通过自己的生活经历告诉他成长中需要面对的问题。他很诧异，老师能与他交心，并愿意一起努力，尝试改变。大二下学期开学初，学生 Z 每天都能到课堂听课，我们保持着手机联系，并经常鼓励学生 Z，我正觉得其有所转变时，他又开始原来的逃学，每天在宿舍里看网络小说。我有点措手不及。直到 12 月突然有一天晚上，我又听他同宿舍的同学说他与同宿舍另外一名学生吵架，又不去上课了，而且也不在宿舍，不知去向。我着急了，因为打他手机也不接。我赶紧召集学工办的老师和几位学生骨干到处去找。直到晚上 11 点才在网吧找到了他。因为是晚上 11 点，我让学生 Z 先回宿舍睡觉。第二天早晨 7 点多，我和系主任到宿舍找到他，把他请到了办公室。这一次，我们进行了长达三个多小时的谈话。

我：“为什么突然关闭手机，谁也不理?”

他：“大家都给我打电话，我觉得很烦，我真希望像某同学一样玩失踪，无所顾忌。”

我：“某同学已经要退学了，你很羡慕吗?”

他：“我也想退学，现在就写申请。”

我：“好啊，如果真想退，我现在就给你母亲打电话，她同意了马上就退。”

他：“为什么要告诉我妈呀，自己退不就行了嘛?”

我：“按照学校规定，退学需经家长同意啊。”

我看到他顾及其母亲的感受，对谈话内容进行了调整，通过人的生命成长过程分析，缓和了他的情绪。这个时候，我把昨天晚上找到他之后回办公室写的一篇网络日记给他看，并希望他能看，内容如下：

亲爱的同学，我该怎样面对你?

一个悬着的心怎么也难以放下，一次次的缺课，一次次的旷考，在你看来都不重要，拒绝每一个帮助你的同学，拒绝每一个关心你的老师，我很难想象是什么让你有这么大的勇气去放弃一切本应该作为学生必须面对的学习，也许网络的游戏天堂很精彩，也许小说的情节荡气回肠，可我怎么也想象不出来整天的生活咫尺之间，下了床就是上网，上了床就是昏睡，至于学习、考试、论文……一切都仿佛与己无关，真的这样无所谓吗？从下午到现在，全系老师、学院辅导员们都在期待着你的出现～～。我能理解你远离故乡，置身千里之外，独自面对人生的艰难，我能理解你面对问题的困惑与不解，但是你想过要改变吗？那么多为你纠结的心，那么多为你牵挂的心，他们从未想过能有所回报，但是却捧出了一颗颗炽热的心，我作为老师，想对你说，世界上最远的距离是心的距离，我衷心地希望你能扪心自问……心游离在外太久了，也该回家了……

他看了，不吭声了。

我："如果你愿意，这学期以你的学习状况，肯定一次试读了。现在你是否想在学校学习都已经是最后一次机会了，我们大家都给自己最后一次机会，好吗？"他说回去再想想。我告诉他，只有自己改变了，才能有希望。我送给他一本书《哈佛幸福公开课》，希望他留出时间思考，去体会如何才能找到快乐，如何才有动力。过了一个星期，学校放寒假，他坐火车回家了。在这期间，我给他母亲打电话，把他的情况细细的沟通，并拜托其母做好孩子的思想工作。在他大约下火车到家时，我打电话确认他已经安全到家。

就在去年开学前的一天，学生 Z 回到学校，我第一时间见到了他。他告诉我，"老师，感谢您，请您相信我一定能做到。"我说："我相信你能行，有困难随时找老师！"

经过一年多的挣扎、努力，学生 Z 终于转变了，新学期的学习加权达到了 80 多分。在三八节这天，他给我发了一条感谢的短信，他说"要是没有您，我可能已经退学了，真诚地感谢您。"临近大四报名参军，并通过了第一轮的体检和政审，现在，基本补齐了之前落下的课程，每逢选课、重修课程等等，他都会来征求我的意见。经过共同努力，该同学按时毕业，并获得学位。

四、经验启示

在学生 Z 的身上体现了现在很多学生的共性问题，即对大学生活不适应、人际关系不适应等。针对这样的问题，我主要是先做学生的知心朋友，获得他的信赖感，并协助他进行自我探索，找到学生烦恼的源泉，鼓励他通过小小的努力而取得一些小收获，逐渐形成自信。在进行深度辅导的过程，学生需要时间和空间，不要急于求成，要多倾听，帮助学生重新审视自身情况，根据之前了解到的基本情况，帮助他们挖掘自己身上的闪光点和优势所在，引导学生避免盲目的比较，坚持不懈，从而帮助学生恢复自信心。深度辅导应注重心灵的交流，让学生将外动力转化为内动力，鼓励学生直面挑战，形成自我发展的内动力，深度辅导才能富有成效。

专家点评：

心思细腻，稚气未脱而又佯装成熟，甚至有点小偏激，是95后这个年龄段年轻人的共性。他们渴望成功与优秀，所以他们更在乎学校取得各种成绩，比如评优、比如奖学金，甚至参加比赛、推荐的各种机会，他们渴望得到认可，希望通过公平的“决斗”获得荣誉。身边的同学，尤其是室友，无疑成为他们心中比较的对象，甚至潜在的对手。处理得当，能带出一寝室优秀，比如全寝成功考研。同时，当他们因为身边人的成功，而感觉到不公的时候，也会迅速心理失衡……而这就需要我们的学校，我们的老师，更关注学生内心的同时，给予他们更公平的竞争环境，更制度化的选优模式，让年轻人，赢得痛快，输得服气，从而真正敞开心怀，融入大学。

北京工业大学信息学部党委书记　杜峰

做好大学新生的引路人

一、案例概述

小续，大一男生，在众多新生中显得外表帅气、才能出众，凭借开朗的性格和出色的外形，大一入学后很快就和同学们熟悉起来，并担任了所在班级的副班长。对于进入大学时间不长的新生来说，大学校园里的一切都是新鲜的，而且较长时间离开父母独自生活，空间和时间上也更加自由了。小续就是这样，听有的师兄说大学只要做到功课不挂科就行，于是他经常泡在网吧打游戏、在宿舍睡懒觉，日子过得确实轻松。

作为一名专职辅导员，为了纠正小续的不当做法，我和他的家长取得了联系。没过多久，小续情绪激动地跑到办公室质问我："你为什么给我妈妈打电话，我成年了，可以为自己的行为负责任，您打这个电话，会让我家里很不安宁!"一个学期很快过去了，寒假放假前夕，小续来和我道别时，我查看了他的期末成绩，其中高数成绩只有9分，另有两门功课不及格。小续情绪异常低落，第一次尝到了失败的滋味。

二、案例分析

对于刚刚步入大学的学生来说，现实与理想中的大学生活存在一定差距，如果处理不好，大学这块圣地在造就一批人才的同时，也可能摧毁一批未来的优秀之才。人才的成长离不开良好的环境和氛围，在大学中，同学和朋友群体对个人来说就是最重要的成长环境。在刚入学的新生中间，盲目的模仿构成了一部分人的主导思想。一个立志成才的学生如果处于一个优秀的积极向上的群体中，就会有如鱼得水之感，相反，如果处于一个风气不正的群体中，就会感到处处受压，甚至在成才的道路上中途夭折。

在和学生的接触沟通过程中，我发现 90 后的孩子普遍有很强的自尊心，单纯的批评不是解决问题的有效途径，在他们犯错误的时候，辅导员不能单纯地严厉批评，应当引导他们树立正确的人生观和世界观，教会他们用思考的态度看待问题，引导他们了解自己犯错误的原因，对症下药，才能达到事半功倍的效果。

三、辅导过程

小续出现旷课等不当行为后，我在一个学期内通过 8 次约谈，对这名学生有了更加深入的了解。小续是一个单亲家庭的孩子，父亲在他读中学时就去世了，母亲独自将他带大。通过和他母亲的电话联系，我了解到小续很心疼他的母亲，非常理解母亲的艰辛和不易，也不忍心让母亲伤心。但进入大学之后，小续的人生目标不明确，没有对自己的大学生活进行合理规划，和中学时期相比，大学中的自由自主时间多了，独立处理问题的机会也多了，小续却因为盲目地跟从别人错误的学习和生活态度，耽误了半个学期的时间。

第一个学期的考试成绩出来之后，为了让小续及时振作起来，我帮助他回忆了入学以来 8 次约谈的经历，还将《看哈佛大学学生是如何度过大学四年的》这篇文章推荐给他。不久之后，我收到了小续的读后感，里面写到："通过老师的指导和自己的潜心思考，我才发现，大学并非人生的休闲驿站，而是新的起跑线。我会全面规划、合理定位自己，也会谨记老师的谆谆教导。"

在经过一个学期的思考和努力，小续重新找到了自己的奋斗目标，做到了知耻而后勇，进步非常明显。大一学年结束时，小续的学习成绩在本专业名列前茅，在班级集体活动中，小续同学充分发挥副班长的组织带头作用，主动帮助班级的其他同学做思想辅导工作，鼓励同学和身边好友积极参加集体活动，为老师分忧解难。在小续的带动下，他所在班级的凝聚力越来越强，出勤率也越来越好。在平时的交流中，小续还经常对我说，大学时间不够用，还有很多事情等着去做。小续的进步，让我切实感受到了辅导成功之后的喜悦感和作为一名辅导员的职业自豪感。

四、经验启示

在大多数学生和家长眼中，"中学是苦水泡出来的，大学是糖水泡出来的"，认为考上大学就可以万事无忧了。但是在考入大学后又将如何合理规划大学生活呢，大家想的很少。大学期间的空间和时间相对自由，刚刚入学的新生往往不能及时实现身份的转变，难以适应相对宽松的学习和生活环境，极易出现懈怠情绪。辅导员尤其应当抓住新生入学这一关键时期，做好大学新生的引路人。

小续的案例让我收获良多，为我今后辅导具有类似问题的学生提供了良好的经验。在刚刚升入大学的新生中，类似小续这样的学生还有很多，通过这个案例，我发现这些新生的身上都存在着闪光点，只要通过正确的辅导方法加以引导，他们每个人都是可塑造的优秀之才。为避免大学新生刚入学时的盲从心理，养成良好的学习和生活习惯，我认为，辅导员应当着力做好以下几个方面的工作：

1. 辅导员应当坚持以学生为本，为学生成长、成才、成功做好规划和帮助。辅导员应当在大学新生刚入学时，为新生提供一个适应新环境的缓冲期，在这个缓冲期内，要引导学生合理支配时间，充足的自学时间是大学的特点之一，但也很容易导致学生自控能力减弱，大学期间的思想政治教育工作应当重点帮助学生尽快实现从中学生到大学生的角色转变，教会他们合理支配时间，适应大学学习方式和生活节奏，不能过分依赖辅导员的管理。要帮助学生制定合理的大学生涯规划，明确学习目标，引导学生学会独立思考和独立生活的能力，培养良好的学习和生活习惯。辅导员还要认真解决学生学习和生活中遇到的难点、焦点问题，把抽象的辅导工作与具体问题的解决结合起来，把严格管理与营造良好的成长环境结合起来，为学生的成长、成功搭建良好的平台。

2. 辅导员要通过有针对性的辅导教育，培养学生树立正确的学习态度，掌握正确的学习方法。要帮助学生认识到，大学不仅是传授知识的场所，更是培养人各方面能力全面发展的地方，进入大学后不但不能有松口气的念头，更应加倍努力，在汲取知识的同时要培养思考问题、分析问题和解决问题的能力。在此基础上，辅导员还应指导学生提前做好自己的职业生涯规划，为四年后的就业做好充分的准备。

3. 辅导员要正确认识学生的个性和特点，有针对性的采取适当的辅导方式。每个学生都有自己的个性和特点，特别是对于刚刚迈入大学校门的新生来说，这个阶段的学生尤其需要老师的适当表扬，且往往难以接受别人的批评。辅导员在遇到学生犯错误时，不要一味地指责和批评，需要预先深入了解学生的家庭情况和成长经历，通过有针对性的辅导方法，帮助学生树立自信心，反之，在辅导员的批评和讽刺声中长大的学生，心灵的创伤和耻辱感可能会伴随其很长时间，进入社会后甚至可能变成一个暴躁、自私、偏激的人。对于类似小续这样的单亲家庭的孩子而言，辅导员尤其要注意保护学生的自尊心，善于发现学生身上的闪光点，做好他们大学生涯的引路人。

4. 辅导员要恰当运用联系家长这一辅导方法。这是我在辅导小续的过程中感触最深的一点。由于我不打招呼就贸然联系小续家长的这一行为，导致小续情绪激动，对辅导工作产生了一定的抵触情绪，好在通过进一步的开导沟通，我成功的消除了小续的抵触情绪，收到了良好的效果。通过这个案例，我深切认识到，学生犯错误时联系家长是必要的，但一定要选择合适的时机，在此之前首先要与学生建立和谐的关系，必须要先让学生认识到，辅导员是真心想帮助自己的；待学生对辅导员产生信任感并接纳辅导员的辅导方法之后，辅导员再运用共情和交流的方式，让学生认识到自己的错误，并在争得学生的同意后和家长取得联系，由辅导员会同学生家长一起分析学生犯错误的原因，一同对学生进行辅导教育，让学生体会到老师和家长的良苦用心，这样可以避免因沟通时机或者沟通方式不当而伤害到学生的自尊心，取得良好的辅导效果。

专家点评：

如何引导新生适应好大学生活？这个问题一直以来都是高校辅导员的重点工作。如果新生入学后没有明确的生涯规划，盲目跟风，极易出现适应“不良”的情况，主要表现为专业入门难、学业成绩差、学习科研参与度低、人际关系不良、情感状态低迷等多种问题。引导学生做好生涯规划，激发学生积极上进的源动力，是辅导员做好新生适应工作的有力抓手。

本案例中，新生小续缺乏明确的个人目标，人云亦云，在相对宽松的学习和生活环境中滋生了懈怠情绪，并引发了一系列的问题。他的辅导员坚持以学生为本，辅导员工作做得十分扎实有效，在工作中不断反思，探索个性化的深度辅导方式，引导学生逐渐养成了良好的学习和生活习惯、制定了符合个人实际的目标（生涯规划），激发了学生积极上进的原动力。

北京工业大学信息学部党委书记　杜峰

合理转变观念　迎接大学生活

一、案例概述

小 K 是一名新生，高考入学成绩在班内排名中等。在新生班会上，大部分学生都比较羞涩，但小 K 性格开朗，与同学们互动热烈，大家都称他为开心果。开学一个月后，小 K 对同学们一如既往的热情，但同学们对他的态度却多了一分冷淡。在新生心理筛查后，小 K 的结果为需进一步进行筛查。平时，小 K 经常独来独往，上课独自坐在教室一角玩手机，课余时间多是独自活动，偶尔参加了几次社团活动后也因失去兴趣而退出了。在第一学期的期中考试，小 K 的英语和高数成绩均未及格，且分数较低。与此同时，小 K 的宿舍生活也不愉快，先是被舍友锁在宿舍外破门而入；后是舍友们一同找到我反映小 K 的个人卫生和性格问题，不想与他住在同一宿舍，希望将他换到其他宿舍。

二、案例分析

本案例是一个典型的新生适应问题。一方面，小 K 由于自身性格、学习方法、生活习惯、人际交往方式等方面存在问题，而无法迅速适应大学的学习和宿舍生活。另一方面，宿舍作为大学生的“第一社会，第二家庭，第三课堂”，除了小 K 的个人问题，小 K 的舍友也需进一步学习大学宿舍生活相处的原则。

我从三个方面缓解小 K 的问题。一是缓解小 K 与舍友紧张的人际关系；二是转变小 K 的不合理信念，掌握适应大学学习、生活的方法，顺利完成过渡；三是引导小 K 约谈专业心理辅导老师，进行心理咨询。我通过定期约谈、走访宿舍和与学生家长建立联系等方式对小 K 进行辅导。

三、辅导过程

我发现小 K 上课不认真听讲，坐在教室角落玩手机后，主动与任课教师了解了小 K 的学习情况。授课教师纷纷表示，小 K 上课总是坐在角落，不与老师互动，一直在玩手机，且课后作业很少上交。同时，通过班委我了解到，小 K 很少与同学们交流，没有早退、迟到、旷课的情况，但是上课一直看手机，课后作业基本不做，有时在任课老师的再三催促下会抄作业上交。课余时间在宿舍不是在玩手机，就是去健身房健身。最开始有几个比较要好的朋友，但是大家觉得他言行奇怪，兴趣差异大，也慢慢不再与他相处，现在基本没有朋友。

在了解了这些情况后，我邀请小 K 进行了第一次的约谈。原本定在 13：30 开始，但是由于小 K 的拖延，下午 2 点才开始，可见小 K 对初次约谈有一定的阻抗。在第一次约谈过程中，我从了解小 K 的家庭、兴趣、高中生活切入，得知小 K 的父母都是高知分子，从小在部队大院中长大，生活条件优越。父母虽然都是军人，但是对小 K 并没有进行军事化的管理和训练，对小 K 有求必应。小 K 高三一年没有很辛苦，平时喜欢玩手机，临高考前突击了一个月。与高中同学没有联系，也没有特别要好的朋友。在建立了基本的谈话基础后，我开始询问小 K 对大学生活的感受。小 K 表示大学生活和高中生活没有什么变化，依旧上课不听讲，也不需要朋友，自娱自乐就挺好。我为小 K 分析了大学与高中的区别，特意指出大学学习的内容与高中差别大，专业性更强，教师的授课方式变化较大。同时，引导小 K 思考大学毕业后的出路，小 K 很明确地表示打算考研。但是，他并不认为自己现在的学习方法和态度有问题，认为自己考试前如高三一样突击就可以，听不进去别人的劝诫。在第一次的约谈中，我基本了解了小 K 的情况，并初步建立了友好的师生关系，为下一阶段的深入约谈建立基础。

在第一次约谈之后，我每周都会进入课堂察看小 K 的学习情况，除了作业按时上交，上课却依旧在玩手机。一次偶然的机会，我与小 K 在校外偶遇，得知小 K 报了新生晚会的表演，已经进入了节目最终筛选名单。小 K 与我分享了作品创作的过程，并希望我提供一些改进的建议。我很少见小 K 对一件事情如此上心和感兴趣，决定帮助他一起修改作品。虽然，节目最后没有入选，但是通过这件事情后，小 K 感受到了我对他的关心，一改之前冷漠的态度，变得愈发热情。

小 K 不爱听大道理，之前学习方法的奏效一直让小 K 对自己信心满满，我认为小 K 需要一次挫折帮助他成长，用事实转变小 K 的信念。期中考试后，小 K 两门考试都不及格。借此契机，我对小 K 进行了第二次约谈。相比第一次，这一次约谈过程中，小 K 对我更加坦诚，没有迟到，也没有沉默不语。但是由于期中考试的失利，让他对自己的能力产生了怀疑，对改变现状丧失了信心。面对失落的小 K，我引导小 K 认识考试失利的根本原因不是他的学习能力，也不是期中考试前冲刺复习的思路不对，根本问题是小 K 学习方法不对路。我鼓励小 K 在课堂上认真听讲，不再做课堂中的低头族，不再做课堂中的角落族，勇敢地坐到第一排，听听课、做做笔记。他迟疑一会儿，表示愿意尝试一下。接下来的几天，我发现小 K 的情况明显好转。

几天之后，小 K 的舍友们突然找到我。他们集体表示，不愿意与小 K 住在一起，他不爱洗澡，床单不更换，脾气古怪，大家与他格格不入。我每月会进宿舍检查几次卫生，发现过小 K 床铺比较乱，且宿舍内空气不流通，并告诉宿舍长要勤开窗户换气。结合学习和生活上的问题，我认为有必要与小 K 的父母了解情况。

小 K 的母亲很关心他在学校的学习和生活，接到我的电话后积极地予以反馈，答应叮嘱小 K 勤换衣服、洗澡，改善卫生状况。在我把解决方案告诉同宿舍的同学后，大家表示愿意帮助小 K，一起改变生活习惯。在这之后，再也没有同学反映小 K 的卫生问题，宿舍关系也缓和了不少。

经过一学年的努力，虽然小 K 的学习态度时不时有反复，但在我的叮嘱下，第一学期的期末考试只有 1 门考试未通过，第二学期的期末考试全部一次性通过。一年的努力，让小 K 收获了一份信心，也让小 K 体会到掌握学习方法的重要性，同时更加重视人际交往。

四、经验启示

我认为对新生进行辅导要注意三点：

1. 对学生进行适当的挫折教育。人在挫折中更能认识自己，倾听他人；

2. 在帮助新生的过程中，一定要发挥“寝室”的作用，及时对同宿舍的舍友进行启发，使个人拥有原动力和坚强的团队，成就个人进步；

3. 一定要发挥家长的力量，形成家庭、学校的合力，很多学生的问题都要回归童年成长经历去找寻根源。

专家点评：

此案例属于比较典型的新生适应性问题，大部分大一新生在告别了高中后，离开熟悉的成长环境、离开父母无微不至的照顾、离开友谊深厚的朋友，来到大学这个陌生的情境中都会遇到适应性问题。要从新规划自己的作息安排，学会独立面对学习和生活，建立自己的人际关系，这时“文化背景”、“行为习惯”、“交流方式”等众多的矛盾冲突就会凸现出来。陪伴新生平稳过渡就成为辅导员们面临的首要问题。本案例中，辅导员日常观察细致全面，合理统筹教育资源，运用了挫折教育、引导教育和情境教育等方式，效果明显，有一定的借鉴意义。

北京工业大学信息学部党委书记　杜峰

从专业认知到兴趣爱好有多远

一、案例概述

宇佳同学系大一新生，从小喜欢心理学，而高考填报志愿时遵照父母意愿选择了材料科学与工程专业。入学后，宇佳觉得这个专业不是自己喜欢和想要学习的，心理落差很大，她很苦恼，想退学又怕因此辜负家长的期望。开学一个月后，她感觉自己对学习没兴趣，经常不去上课，一个人在宿舍里，说要复习心理学准备参加来年高考，和其他同学也很少来往。她是外地考生，户口和档案刚刚转到工大，当时新生的学籍信息还没有得到确认。如果她执意参加明年高考，必须在年底之前把户口和档案都返回生源地重新报名。否则可能耽误下年参加高考。面对如此紧迫的情况，宇佳犹豫不决，不知如何决定。

二、案例分析

当大一新生来到一个崭新的环境当中，会明显地感觉到来自外部环境和内部心理的压力，表现出不同程度的不适应，如果不能很快地将压力释放，尽快适应大学的学习与生活，很可能会导致身体的损耗、身心的失调，最终会引起行为上的爆发。入学后宇佳同学由于对专业不满意，进而出现新生适应问题。

造成宇佳新生适应问题的原因主要归结为两点：一是高考志愿选择的

原因。在高考选择志愿阶段，院校的选择、专业的选择会决定考生一生从事的行业（当然不是绝对的），而恰好处在十七八岁心理年龄的孩子，一方面由于紧张的高考复习，没有时间了解专业，另一方面学生没有走出过校园，没有接触过实际工作，没有机会了解专业。从高招咨询现场我们可以看到：95%以上是家长来为他们的孩子咨询，其中大部分家长会遵从孩子的选择，但少部分家长还是会根据自己的经验和意愿为孩子填报志愿，加上中学老师们不太专业的指导，使个别学生选择专业不理想。二是，宇佳个人原因。大一新生刚刚成年，不善于调节情绪克服“危机”，所以当出现种种压力时，往往会认为是之前的选择“错误”造成了目前的情况而自己又无法改变现状。在适应层面，宇佳的表现反映出她对学习的不适应和新环境的不适应。大学教育与高中应试教育截然不同，主要表现为培养方式、教育目的、教学内容、学习方法的大相径庭。专业性强、信息量大、进度快、自学为主的特点使刚入学的宇佳难以应对。加上本身对材料专业的不了解，更使她学习目标迷失、动力不足、兴趣低下。此外，初进大学，环境陌生，同学之间不熟悉，学习和生活习惯都有较大变化，也使宇佳产生一种莫名其妙的孤独感。

因此，我制定了个辅导方案：

1. 帮助宇佳调整心理落差，帮助她认知现在所学专业；
2. 帮助她调整看待问题绝对化的方式；
3. 与家长联系，共同商量解决问题的办法。

三、辅导过程

通过观察，我发现宇佳同学待人真诚，学习态度认真，做事踏实。对于宇佳的问题，我首先排除她学习态度不端正的可能。

为了能让她更多地了解所学专业，更快地融入集体，我特意安排她担任了班里的生活委员，希望她通过增加和班级同学以及高年级学长交流的机会，增加对专业了解的途径。

在经过两个星期的生活委员实践和专业学习后，她意识到大学教育与高中学习有着本质的不同，也承认自己由于不了解专业而对专业学习提不起兴趣进而不去上课，是造成自己学习倦怠的主要原因，如此下去只能是恶性循环。宇佳还向我表示："我开始和周围的老师、同学们交流，对专业有了一点点感性认识。但我还是一点都不喜欢工科，不喜欢将来整天都在实验室里忙碌，我希望能按照自己的兴趣和意愿行事，可是现在我还没有勇气告诉家长"。

在了解宇佳同学的态度后，我和班主任及时请来了她的父亲共同协商宇佳是否需要退学的问题。我一方面和宇佳谈话，耐心地做她的思想工作，希望她能从自己的实际情况出发，做出对自己最适合的选择。另一方面，将宇佳的不适应问题以及造成该问题的主要原因和宇佳父亲沟通，希望能够帮助宇佳父亲更多地了解孩子内心的真实想法，最大限度地减少家庭因素对宇佳的负面影响。最后，宇佳父亲表示："看到孩子非常痛苦的表情，我们后悔当初强加给孩子意见，宇佳当时反对过我们的想法，我们以为只是中学时期的逆反现象，所以没有重视她的意见。现在看来应该尊重她的选择，如果可能的话，希望学校帮助办理退学。"

3. 案例处理的结果

最终，我根据学生和家长的意见，协助学生很快办理了退学手续。

四、经验启示

随着大学生思想政治内容和工作方法的新发展，心理健康教育已成为其中非常重要的内容。高校辅导员工作在大学生心理辅导的第一线，最能贴近大学生的生活、把握大学生的心理、了解大学生的诉求，进而引导他们在大学期间健康地成长。

面对大一新生出现的各种不适应问题，我们应引起怎样的重视，如何去帮助这样的同学，是非常值得重视与研究的。虽然宇佳同学最终还是选择退学，但是从她的典型实例中我也得到了一些启示：

1. 深入了解学生对本专业的看法并分析困惑产生的因素

每届新生的各个班里基本都会有 1－2 位这样的同学，他们存在对专业不正确的看法和困惑将来能做什么等问题。这些问题是学生们产生消极情绪的根源。我们必须深入了解这些消极情绪背后的因素才能有针对性地开展辅导工作。

2. 努力为他们提供机会使其尽快接触和了解专业

新生入学的第一年非常关键，我们应尽早地为他们提供接触专业的机会，例如安排参观实验室、学生科技作品展；为他们制定新生辅导年计划；提供参与各种与所学专业相关的实践机会，尽快地激发出对学习的浓厚兴趣，提前规划未来。

3. 对认为选错专业的同学做耐心细致的工作并进行心理干预

现在的大学教育更多的是通才教育，学生在经过四年之后，不只是能够从事与专业密切相关的“对口”工作，还应该具备一些迁移的能力，具备综合的素质。所以，对于认为选错专业的同学，要对他们进行心理干预，耐心地与他们交流：使他们理解在本科阶段的学习更多的是基础性的通识教育，培养自己可以适用于多个专业的可迁移能力很重要，对于专业的选择问题，“选我所爱”固然重要，但也可以“爱我所选”，在选择上不能过于绝对化。

4. 积极营造温馨的成长环境和培育积极向上的班级学风

当大一新生面对种种的不适应、面对挫折与孤独，会产生不同程度的焦虑与反感，甚至产生身体的不适与疾病。无论这些压力来自于外部或自身，有压力自然会影响到情绪，有情绪也就会自然转移到某种因素上去宣泄，那么，很有可能就会产生“现在选择的学校或是专业是错误”的想法。作为辅导员应该了解学生的内心，关注他们的情绪变化，积极为他们营造温馨的成长环境和培育积极向上的班级学风，帮助他们找到造成压力的原因和释放的途径，努力使压力转换成动力。

专家点评：

对于专业的认知与个体兴趣爱好的契合度问题，一直是困扰学生和老师一大学习动机问题。由于入学前对专业了解的信息不对称性，导致部分大一新生入学后，难于及时调整自己的专业预期，会出现厌学，焦虑，迷茫和抑郁等情绪状态。若不及时处理这些负面情绪，会产生较为严重的心理障碍，继而诱发心理问题。因此，及时调整新生对于专业的片面认知，合理规划自己的大学生活，成为他们进入大学后的重要一课。本案例通过及时发现问题、耐心细致跟踪、剖析现象成因、家庭情况调查等方式，成功避免了学生产生更加严重的心理问题，并沟通协调了家庭内部矛盾，在规定允许的范围内，帮助学生从新做出了人生的选择，为今后的发展找到了新的方向。

北京工业大学信息学部党委书记　杜峰

高考失利并非人生失败

——不同的选择　同样的精彩

一、案例概述

我班学生小王，在高中时成绩比较优秀，家长、老师和同学们都觉得她应该能考好，她对自己的期望值也比较高，一直向往着能进入自己心仪已久的北京航空航天大学。但高考临场发挥不利，最终考出的分数不尽理想，调剂到我学院＊＊＊＊专业。在来学校报到前，她还一直在纠结要不要再复读一年。家长认为，复读对孩子压力肯定很大，而且再考也不一定能如愿，所以就一直在劝说她放弃复读的念头，面对现实。经过两个月的调整，带着这种纠结的情绪，小王来学校报到了。报到当天就能看出她的失落，也许是因为现实中的学校环境、专业和她梦寐以求的有一定的差距。入校后小王各项表现平平，对班级活动提不起兴趣。因高考成绩在同班同学中算是比较好的，档案显示，中学老师在各方面给予的评价都比较高，一直是我劝说她参与班级学生干部的竞选，被她拒绝了。开学后的几次接触她给我的整体感觉就像迷失在茫茫大海中的一艘小船，不知道为什么在这儿？不明白要驶向哪里去？好像就想停在原地！据同寝室的同学说，小王还偷偷哭过几回。

二、案例分析

这是新生适应问题。小王是属于在高中时期学习成绩比较优异，同时对自己要报考的大学和专业有了一定的预期，由于高考失利，家长亲友劝说等原因，来到我校，心里极其不情愿。已有的心理定势和现实情况使她难以接受，导致很大的心理落差。而恰恰是这种失落的心理又使她在新的群体中重新评价自己，于是强烈的自尊导致盲目自卑：有挫败感、事事不如人、不被他人理解、理想与现实差距大，无法适应。所以她学习热情不高，一旦遇到一些阻力就开始慢慢滋生悔意。如果不及时采取措施，由于自我调节能力较弱，学生可能会从此一蹶不振，甚至影响到今后的整个大学生活。认识到这些，我觉得作为辅导员，在此时必须采取必要而合理的措施，用爱心帮助这个学生重塑自信。

针对小王的情况及她的性格，马上找她谈话应该不会有什么效果。我决定慢慢走进她的心灵。首先，在日常的班级事务管理中，我会有意无意地请她帮忙；其次，利用进宿舍的时间和她所在的宿舍同学一起谈心，关心她们的日常生活，拉近她们与我的距离，更拉近她们与我心灵的距离，同时让小王感受到辅导员的真诚与爱心，感受到我就是她身边的贴心姐姐；最后，经过近一个月的接触与交流，我与小王进行一对一的深度交谈。

三、辅导过程

首先我从关心小王的角度出发，跟她聊入校后的生活、学习等适应情况，发现她对这些不怎么感兴趣，总是用“还行吧”“就那样”“不知道”等很敷衍的语句回答。但当我穿插问一些她以前的生活、学习、朋友等情况时，她的话匣子就立即打开了，不停地跟我讲她高中阶段遇到的奇葩的事、搞笑的朋友，其间我能看到小王眼睛亮了起来，充满自信、满足和骄傲。我感到有门儿，因为我的辅导目的就是要帮小王找回原先的那份自信，只有这样她才能接受自我、超越自我、迎接挑战。

当她还沉浸在对过去的满足感中时，我将她拉回到现实。在肯定她过去的优秀、自信的基础上，我问她为何现在我看不到她的自信？面对这个问题，她沉默了很久，还是慢慢地袒露心扉：高考成绩给了她沉重的一击，她无法面对自己的亲人和老师，感觉自己欺骗了他们。包括以前的同学和朋友们，她现在几乎也不联系了，觉得自己跟那些进入名校的同学已经存在差距。自身的期望和现实差距太大，让她觉得自己很失败，很糟糕，根本找不着自己的目标了。

众所周知，高考对学生而言，是人生转折的一件大事，但并非就是学生成长成才的唯一途径，毕竟未来人生道路还要更多地依靠自身今后的努力和机遇。为了让她明白这些道理，我和她谈了自己的看法：高考，只能代表一个人曾经十二年的学习生活的阶段性小结，人生的路还有很长，如果因为起跑失利而放弃整场比赛，那么，我们就会失去更多的机遇和挑战。其实大学里才是你真正开始学习的地方，最终的成就不是看你上的是什么样的大学，考上名牌大学也并不就意味着走向了成功。重点要在新的平台上准确定位，明确目标，最重要的还是在新的起点如何做最好的自己。大学其实就是一个过程，是一个让你从青涩到成熟转变的过程，然而在这个过程里你沉淀积累的是否足够，才是决定你将来人生路的因素。本科阶段在校主要学习的不只是相应的专业，更多的是摄取知识的方法。试着让自己的心沉淀下来，为自己的大学生活寻找一个可以提高的方案才是你现阶段最重要的事情。考研是一个出路，但是你要是以这样的心态考研的话，我相信即使当你上研究生时还会有这样的困扰。

之后我又挑了几位经历跟小王很相似的往届毕业生举例，他们的努力、他们的就业、考研、出国经历，他们现在在岗位上的状态等，只有善于调整自己，适应环境的变化，进入大学后每个人都进入到一个起跑线上，要抛掉过去的一切，调整状态迎接新的开始，避免因为苦恼于过去而限制了自己将来的发展。学长的经验无形中给了小王很大的动力。

后期又经过几次交谈，明显起到了效果，小王重新找回了信心，整个人也变得开朗了，和同学相处的也比较好。“学霸”是同学们对她的称谓，周末她会参加外校的英语培训课，在大一第一学期结束后入选了“杰出学子新生计划”，导师对她的评价也比较好。小王表示大一、大二期间她会好好努力将基础打扎实了，出国交流和考研是她在大三、大四的目标。高考失利说明还是她的基础不够扎实，不能老是沉浸在过去的辉煌与失败的不平衡中，会更加珍惜现有的平台，相信经过自身的拼搏和努力，未来的人生同样可以精彩。

四、经验启示

对于大一新生而言，新的学习和生活环境，使他们难以准确定位自己，在他们学习生活上刚刚出现困惑的时候，及时而又合理地采取一定的措施，往往能收到事半功倍的效果。所以，新生辅导员要善于从学生中发现问题，并尽全力帮助学生解决问题，才能让学生少走弯路。也只有充分的了解学生，不断改进自身的工作方法，有针对性地做好学生思想工作，才能更好地发挥学生自身的价值，才能真正塑造学生良好的心理素质，解决他们学习过程中的各种心理障碍。

“学生工作无小事”“学生工作是良心工作”“学生除了是学生外还是孩子”，这就要求辅导员老师多一点爱心和耐心，工作细致一些，方法巧妙一些，学生必定会有所进步。

专家点评：

入学时的自我评估及对大学的心理预期是新生能否适应好大学生活的重要因素之一，虽然很多新生的自我评估及对大学的心理预期不同，但是在学习、社交、情感等多方面或许呈现出相似的状态，这时候就需要辅导员拨开“云雾”发现个体差异才能引导学生成长成才。

辅导员在开展工作时要具备“小”“心”“机”，也就是要重视学生工作的细节和个体的小特征，开展工作中要多“心”（责任心、爱心、热心、细心和爱心），巧抓机会因材施教、做针对性的深度辅导工作，而这些恰恰是成为一名优秀辅导员的前提条件。本案例中，辅导员从日常小事着手，慢慢走入学生心中，抓住机会做好深度辅导，最终引导学生完成了自信心重建并制定了个人生涯规划。

北京工业大学信息学部党委书记　杜峰

用心、用爱突破新生学业瓶颈期

一、案例概述

小A，男，性格内向，不善言谈，同学关系一般。该生上课不迟到、不早退，晚自习基本全勤，作业都能认真完成，除了和同学、老师交流比较少之外，表面看来是一个很普通的男生。

小A入学成绩良好，高中表现突出，但入学第一门考试成绩不理想，新生心理测评结果显示为二级关注。大家普遍反映，该生平时学习刻苦认真，努力程度超过班级其他同学，除了偶尔读读小说外，并无不良嗜好。

二、案例分析

经过前期的情况了解与全面分析，我认为小A主要面临两方面的问题：一是对大学生活的不适应。作为大一的新生，他对大学新的环境、新的学习方式、新的人生阶段表现出强烈的不适应，属于典型的新生“大学不适应症”；二是缺乏生涯规划。小A缺乏明确的长远规划，尚未确立明晰的目标和方向，没有思考过上大学的意义，而是迷茫和彷徨。因此，我认为，如果小A逐步适应了大学生活，并且对自己未来有明确的认知和规划后，他的情况将会有所转变。

在此分析的基础上，我做出以下辅导方案，希望借由一个多方联动的机制，共同帮助该同学走出适应困境及误区，尽快适应人生新阶段。

第一，加强个体关注。通过约谈的方式，定期让小A到办公室汇报学习生活情况，引导该同学明确方向，确立正确的奋斗目标，树立人生理想，面对各种挫折，不断成长，去探寻人生一个个新的高峰。

第二，定制学业辅导方案。一方面与班主任进行沟通，详细说明情况，共同制定帮扶方案。与负责晚自习签到和答疑的博士生进行沟通，要求他们对小A进行关注，特别是在学业方面，给予及时的帮助和指导。另一方面，与小A的舍友交流，请大家在学习上对他多帮助，平时与他多交流。

第三，家校互动，共同努力。该生是学生会的一员，借力学长、学姐的力量，对小A进行有效的朋辈引导。此外，主动联系小A家长，向家长详细说明情况并介绍工作方案，请家长也对该同学多些关心，帮助减轻其压力，联合家长一起来做该同学的思想工作。

三、辅导过程

在问题进一步严重之前，我第一时间与小A进行了深入的谈话。谈话过程中，小A情绪很低落、沮丧，反复说自己笨，适应不了大学生活。为了稳定他的情绪，我暂时没有和他谈论学习方面的事情，而是询问了他的家庭情况、学校食宿、班级宿舍同学关系等一些侧面情况。通过我对他的开导与沟通，小A情绪逐渐好转，在谈话同时，我了解到他的家境比较窘迫，家庭经济负担较重，但父母对他的学业给予了最大的支持。家境状况和父母的疼爱是他学习的动力，但同时也给他带来了很大的压力。所以，他害怕学习成绩不好，对不起父母，精神总是处于紧张状态。进入大学后，他突然发现大学的学习生活和高中相比有了很大的差异，再也没有固定的教室上课，也没有了老师的实时督促与指导，一切完全靠自觉。大学的学习、生活让他很不适应，也逐渐跟不上课堂上老师讲课的进度，他心里着急，但是越着急越跟不上，越跟不上就越迷茫。同时，家庭经济状况的压力让他萌生了退学的想法，想"早点走上社会，早点赚钱"，减轻家庭经济负担。

为了进一步了解情况，我还与小 A 所在班级的班长以及其宿舍同学进行了谈话，内容主要围绕两个方面：首先，鼓励他们在学业方面多多与小 A 交流、互帮互助，互相鼓励，共同努力，在宿舍内营造良好的学习氛围；第二，希望大家与小 A 交流不仅仅局限于学业方面，集体活动时也要鼓励小 A 多多参与。平时交流多对他进行鼓励和肯定，帮助他树立自信。

我还约谈了小 A 所在部门的学生会干部，要求他们要有意识地多鼓励、多带动小 A，并且要有意识地对他进行培养，多给予机会、激励他参与到学生会的各项工作中来；让他在学生会大家庭有安全感、有归属感、能信任别人也能被信任。成长会使人自信、让人内心强大。当他收获了一个更好的自己时，他所有的脆弱都会被打败。

此外，我充分利用班主任立足本学科、了解学科特点的优势，与班主任及时进行沟通，详细说明当前情况、问题，并阐述自己的方案，邀请班主任老师共同参与，制定学业帮扶计划，帮助小 A 走出困境，尽快适应新环境、开始新生活。利用好我院新生晚自习制度这一平台，联系每晚负责晚自习签到和答疑的博士生，说明情况，要求他们对该同学进行关注，特别是在学业方面，给予及时的帮助和指导，构建学习框架，具体问题及时解决。

在铺垫工作都完成之后，我通过个别约谈的方式，与小 A 多次面对面沟通，表达学院对他的关心和担忧，初步建立信任；并结合自身的人生经历，以“过来人”的身份表示对他的理解，并对如何走出当前困境和对未来如何规划提出指导性建议。第一，我告诉小 A，大学的学习并不困难，首先要做到课前预习、课堂认真听讲、课后复习、认真完成作业这几个步骤，同时，还要学会自主构建知识框架，要把思维方式从看内容抠小节向看骨骼追架构方向转换。只要做到以上几项，学习成绩肯定是有保证的；第二，我告诉他要学会舒缓压力，放松自己，不要总是处于高度紧张的状态；第三，建议他多跟同学交流，结识朋友，从优秀学生身上借鉴经验，结合自身实际找到适合自己的学习方法。最后，告诉小 A 要注重过程，不要太在乎结果，更不应把来自家庭的爱和期望当成负担，要慢慢学会享受大学生活。

在学业方面：在班主任、博士生等各方帮助指导下，小 A 逐渐掌握了大学学习的正确方法、适应了正常的节奏之后，该生本学年的学习成绩在本专业排名前 8%。同时，他所在的宿舍学习气氛浓厚，室友之间互相鼓励、互相带动、互相支持，几位同学均成绩优异，他们宿舍是学院有名的“学霸宿舍”。

在生活方面：在老师和学生干部的带动引导下，小 A 积极参与学生会的集体活动。他一年参与了几项活动的筹备、组织，工作认真仔细。这一年他成长迅速，性格也开朗了不少，会主动与人沟通、表达意见。同时，他还申报了星火基金项目，报名参加了将于下一学年初开赛的全国大学生数学建模竞赛，注重自己在各方面的发展。

在个人规划方面：小 A 向我阐明了他的想法，包括对学业方面的信心和对自己未来发展的规划、目标，将长远目标分解到每一学年、每一学期、每个月，自己的详细计划和实施方案。他表示，在确立了目标之后，觉得努力是有方向性的，生活比以前充实了很多。

四、经验启示

1. 注重晚自习辅导，帮助新生度过学业适应瓶颈期

大一新生经历着从未成年的高中生身份到大学生这一身份转变的客观事实，特别是学业方面面临的压力和挑战，应给予正面引导。为了提高专业学习能力、促进新生良好学习习惯的养成，我认为有必要为新生开展晚自习活动，使新生尽快适应并融入大学的学习生活。作为辅导员，也应多多参与、关注晚自习辅导，关注学生出勤情况，了解整体动态。

2. 关注个体心理健康，进行有效沟通

对在学业方面产生较大心理落差的同学，应主动跟踪、约谈，做到对

个别群体的及时关注。除此之外，辅导员作为学生与任课老师之间的桥梁，应积极与任课教师进行有效沟通，建立多方联动机制，根据新生的不同状况适当调整教学计划及安排，以帮助学生更好地完成身份转变，以求新生在思想上、心理上、学业上顺利度过适应期。

3. 辅导工作要有法有章

首先，辅导员要用心付出，以心换心。只有付出真心，才能获取学生的信任，进入学生的精神世界。其次，要具备良好的倾听技巧。要对学生真诚地表达你的关心和担忧，创造适当的环境让学生开口说话，对其表达给予积极响应，如点头、总结、提问等调动其思维的反应。只有获取更多的信息，才能了解学生所思所想。再次，要提升辅导员自身的素养，辅导员结合自身的人生经历，去指导和帮助学生才更有说服力。最后，辅导员要充分发动班主任、学生干部、家长等多方的力量，辅导员的工作不能完全单干，“不是一个人在战斗”，要借助全员来育人，建立多方联动工作机制。“学生工作无小事”，新生工作更无小事，“学生工作是良心工作”，这就要求辅导员老师多一点爱心，多一点耐心，工作细致一些，方法巧妙一些，学生必定会有所进步。

专家点评：

从中学步入大学是人生中的一次重要转折，在身份转换的同时，部分或者说大部分同学在学习、生活、人际交往方面表现出不同程度的不适应。该生的情况是典型的“大学不适应症”。具体表现为不能与同学很好相处、学习努力但成绩并不理想。辅导员老师通过与其深入交流、全面分析，抓住了其缺乏规划这一关键，帮其明确了目标和方向。在辅导过程中，通过建立一个多方联动机制，采取加强个体关注、定制学业辅导方案、家校互动等一系列措施，有效地缓解了其心情的焦虑，帮助其解决了学业上的困惑，生活上的烦忧，达到了较好的咨询效果。

从中我们可以得到两点体会，一是加强大学生特别是大一新生的心理辅导工作尤为重要，是帮助学生顺利渡过瓶颈期的有效手段。二是辅导员工作要有章法，正如文中所说，要用心，要有技巧，要全员育人。

北京工业大学经济与管理学院党委书记　金峰

挖掘自身潜能　助力学生成长

一、案例概述

郭X，男，计算机科学与技术专业学生，他从小学到初中毕业学习成绩较好，因为那时他很乖，很听老师和父母的话，中考时考入了本县最好的高中。进入高中后开始逐渐叛逆，感觉学习比较简单，开始不学习，爱玩，接触游戏，父母也管不了。进高三时，班主任老师多次谈话，批评他并指出了必须面对的问题，强调了学校的纪律并提出了学习要求。从那以后，他明白了老师的苦心，感觉到了高考的压力，也意识到了自己存在的问题，不再那么贪玩了。在高三的一年里，他拼命学习，考入了现在的大学（211高校）。

进入大学后，离开了父母和班主任的监督，加上没有清晰的目标，郭X大一上学期过得很轻松，也没好好学习，8门课加权平均成绩70多。他有些沾沾自喜，觉得大学学习比较简单轻松，考试突击就可以了。

到了大一下学期，他爱上了游戏，经常去校门外的一个网吧，而且玩得很疯狂，结果大一下学期共10门课有4门没有及格。大二上学期10门课有1门课没及格。到了大二下学期，又有11门课程，除了本学期课程外，还有5门课没有及格。

他清醒地知道自己平时学习生活很懒，很多事都懒得去做。比如这学期他还重修了3门课，他说这3门课有2门课程都是早晨的课，早上起不来就干脆不去了，还有1门课不感兴趣，觉得没什么意思而经常缺课。他对自己的情况比较了解，明白自己存在的问题，也定过学习计划，但就是没有坚持实施或根本就没有行动，有时候想想也很懊悔和自责，比较迷茫，他想让自己的大学生活有所改变，改掉懒惰的习惯。

二、案例分析

这是一个比较典型的需要进行学业辅导的个案。学生对自己过去的经历有清晰的认识，并且做过仔细的分析和总结，对于现状和存在的问题比较了解，希望能够改变，改变动机强烈，期待能够找到可实施的行动计划。我认为该生的问题非常适合运用生涯教练技术对其进行干预。

1. 找出愿景，制定计划

我用强有力的问题提问，在逻辑层次上找到问题的切入点，利用奇迹问题、假设问题等在逻辑层次上由下而上引出学生的愿景，然后由上而下在逻辑层次上将学生模糊的愿景，变为清晰的行动计划，时间上由远及近，从“未来”到“最近”，从“两年后毕业时”、“一年后”、“本学期”再到“现在”，逐渐增加学生自主行动的可操作性，让学生本人有信心勇于去实践。

2. 整合资源，提升动力

帮助学生搜集与整合可利用的资源，通过头脑风暴法等寻找问题的解决办法，运用平衡轮分解、规划日常学习生活，增加学生进行自我突破和改变的动力与机会。

3. 分解目标，阶段反馈

在每个阶段目标实现的过程中，遵循SMART原则，进行相应的督促、肯定、安慰等，以促成与巩固学生改变的发生，并且进行适当的答疑和约定反馈以更好地促进行动。

三、辅导过程

第一步：建立同盟关系

首先对学生的信任表示感谢，并且对其能够正视自己的困惑，寻求专业帮助的行为表示积极肯定。然后我对辅导过程进行了说明，老师（我）和学生（本人）是一种工作同盟的关系，强调“我是帮助你去实现你的目标。”在此过程中，我使用了以下这些表达：

“我们每个人在成长过程中都会面临各种不同的问题，特别是在大学阶段，会有困惑、迷茫、失落、伤心的时候，这种情绪反应是很正常的。这说明我们在思考，在成长，想进步。”

“你这次来找我交流，想要改变和进步，想变成什么样的标准由你来定。你已经具备自己需要的所有资源，我是帮助你去实现你的目标。”

第二步：目标澄清，寻找资源，计划制定，促进变化

学生的期待是“让自己的大学生活有所改变，改掉懒惰的习惯”。在辅导过程中，我对学生的期待保持充分的好奇，通过一系列的强有力的提问，逐渐澄清目标话题。原来在学生看来，改变大学生活就是指按学校要求，平时按时上课，每门课程都通过以及学好英语。澄清了学生的愿景后，在这几个方面，让学生选择本学期内最想解决而又能达到的事件，将学生的目标定为在期末将本学期的 8 门必修课和 2 门重修课程全部通过。在这个过程中，我采用了如下提问：

“假如一夜之间发生了奇迹，明天早上起来，两年时间过去了，你会出现在什么地方？”

“假如毕业了，你进了一家公司，那会是一家在全世界哪个城市的公司？这个公司的规模如何、做什么的？在这个公司里你会负责什么事情？”

“假如你的这个愿景实现了，你觉得你能成功被公司录取的条件是什么？”

“想象一个 1－10 分的度量范围，对目前的学习成绩进行评判，1 分表示对项目完全不满意，10 分代表完全满意，你觉得现在处在一个什么位置？从 1 分到 10 分，目前你在学习方面的投入度是几分？”

“在你过去的人生经历中，最自豪的时刻是什么时候？你曾经充满智

慧地解决了问题，当时你是怎么做的呢?”

在制定具体的行动计划之前，需要让学生有一个循序渐进的思考过程，并且做好通过较长时间最终实现自我突破的准备。

“为了达到在期末将本学期 8 门必修课和 2 门重修课程全部通过的目标，在本学期接下来的 2 个多月，你可以做哪些努力呢?”

“目前你的学习生活现状如何? 你的现实是否有利于你的目标实现呢?”

“如果这个学期结束了，你的目标实现了，10 门课程都一次通过了，你会是一种什么样的心情?”

“假如半年后，有一个跟你现状相同的学生找到你，想寻求你的帮助解决他的学习问题，你会对他说什么?”

“为了达到你本学期的目标，你愿意为之付出什么样的代价?”

“在这个艰苦的过程中，支持你行动的基础是什么?”

“如果三个月过去了，你可以实现的目标是，课程成绩全部通过，那么我想问一下，如果说这一周你可以做一点具体的变化的话，那会是什么呢?”

“下周我们见面的时候，你有哪些变化，可以让我知道?”

在第一次谈话之后，学生提出了他的本周行动计划，就是在一个星期内有 2 个晚上到教室去上自习，每次 2 小时。我们有一个约定：从当天开始他每天晚上睡觉前发微信给我，告诉他当天所做的事情和收获。

第三步：反馈，鼓励，提出新的挑战

在交流的当天晚上 21：56，他给我发了消息：“老师，我今天背了英语 2 组单词，这本词汇书一共有 35 组，按此计划半个月就可以看完了。”

在接下来的第二次约谈中，学生表示自己已经完成了上一次的目标，周一和周四去上了自习，看的是英语词汇书，并且与我分享了他这一周学习生活的感受。这是一个很好的突破。他与我分享了他在这个过程中的行动变化，他说他在这学期就没有到教室上过自习，有时看到身边的同学出去学习，也想过出去，但因为没有同伴而且总是磨磨蹭蹭，一晚上时间就过去了，平时也定计划但就是没有行动。有了这周的经历后，自己也感到了变化，他觉得上自习感觉也挺好的，能想办法把 2 小时坚持下来。

我在对学生的变化和进步进行了充分的肯定之后，开始对他提出新的挑战，最后学生制定的第二周的目标是：在本周内，本学期必修课程（除重修课程外）不能缺课。

第三次约谈中，学生表示一开始的几天在行动方面确实有一些困难，有 3 次上课迟到了，对自己不感兴趣的课程坐在课堂上觉得挺难受的，也想过退缩，但是想到跟我的约定，感觉是一种监督，还是克服了困难，完成了任务。这一周下来，他觉得挑战比上周更大。因为他觉得一年以来，经常旷课，对上课从来就没有这么认真过，总是找各种理由不去上课，这周在行动上有了很大的突破。我给予了及时的肯定与鼓励。并且提出新的挑战，最后学生制定的第三周的目标是：在本周内对早晨上的 2 门重修课程也要坚持上。

第四次约谈，这次学生的突破就更大了，这周重修的 2 门课要上 4 次，有 2 次是在早上 8 点上课，有一次是在下午 13：30，还有一次是在下午 6 点，这 4 次课有 3 次都是准时到达，有 1 次迟到，基本上达成了计划。对于这样的飞跃，我给予了充分的赞扬。在征得学生的同意之后，我们决定让他把目前这种改变的状态持续 4 周时间，4 周之后（一个月后），我们进行第 5 次约谈汇报。

第五次约谈中，学生已经有了明显的改变，精神状态非常好，着装也有了很大变化，整洁利落，面带笑容，积极主动跟我交流了他这段时间的经历和感受。从他的言谈举止中能看到在他身上发生的变化。给予肯定与鼓励之后，我再次对学生提出挑战：我们商定还有一个月的时间，除了上课时间还制定了一个应对大学英语四级考试的学习计划，如何将英语从 400 分提高到 500 分。

一个月的复习计划是：周一、三晚上做 2 小时听力练习，周二、四晚上做2小时阅读加词汇，周六上午做一套模拟试题并核对答案，周六晚上花1．5小时练习写作，每周任务完成后，奖励自己周日娱乐活动。

在第六次约谈的后二十分钟，我们回顾了近三个月以来的共同成长，首先非常感谢学生在交流指导过程中的信任和积极配合，其次总结了每次学生取得的成绩及获得的突破，最后鼓励学生将这种方法应用到自己生活的其他方面。当然，在今后的成长过程中，如果感到需要老师支持的时候，欢迎他随时来找我。

四、经验启示

1. 分析学生的特点与需求

不同学生由于成长经历、性格特质等差异，会面临不同的问题与挑战。在帮助学生解决问题之前，我们需要了解他的特点与需求，以便对症下药。

2. 选择合适的方法

对于知道自身问题，想寻求改变的学生来说，教练技术是一种非常有效的方法。它能高效地促进学生个人的成长和进步。

3. 学会对话与提问技巧

在指导过程中，通过漏斗式的对话帮助学生澄清目标，这种提问思路能将目标聚焦到具体行动计划上。特别是通过逻辑层次梳理，从上而下找准问题的切入点，能够很好地将目标赋予价值意义，以及落实到学生的日常行动计划中去。

专家点评：

网络是把双刃剑，它在给我们带来便捷、高效的同时，也不可避免的带来了一些负面影响。据统计，大约每6个网民里有1个具有上网成瘾的倾向，而上网成瘾中游戏成瘾尤为严重。该同学因自律能力差，沉溺于网络游戏，进而影响了学业。在案例中，辅导员老师通过分析总结，发挥学生动机强烈这一重要主观因素，运用生涯教练技术对其进行了干预，并通过建立同盟关系；目标澄清，寻找资源，计划制定，促进变化；反馈，鼓励，提出新的挑战等三步有效地对其进行了学业帮助。

对学生的学业指导要区别对待，分类指导，要针对不同学生的成长经历、性格特质进行针对性帮助。如同是学业困难，要分清是不想学还是学不懂。

不过，对于大学生沉溺于网络游戏问题，既有大学生自律能力差的原因，也有社会原因，要很好地解决这一问题需要全社会共同努力。

北京工业大学经济与管理学院党委书记　金峰

迎接专业挑战，合理规划学业

一、案例概述

本案例主人公小梅（化名）是 11 级的一名在校学生。在经过大一的基础课学习后，小梅根据专业选择的条件要求和大一基础课学习成绩排名，经过精挑细选，决定到数字媒体系学习动画专业，并表示一定能学好，肯定不后悔。带着新学期开始的无比兴奋和对新专业学习期待，小梅开始了新的学习、生活。

升入大二不久，小梅渐渐感到自己喜欢的只是动画，并不是动画专业制作。梦想与现实间产生了差距，小梅开始有点慌神。特别是大二的第二个学期，电脑的使用操作越来越多，每天需要在电脑上完成大量的作业，这让小梅难以忍受。她开始迟到、旷课，找各种理由不上课。头痛也开始折磨她，使她烦躁不安，不愿再踏进教室，不想再见到电脑，并开始质疑自己的专业选择，喜悦化为乌有，心里没有了方向，几乎陷入了崩溃的边缘。

二、案例分析

1. 案例分析诊断

掌握到这一情况后，我与小梅进行了一次深谈，发现她在专业选择上存在三方面的问题。一是盲目。小梅在大一新生职业生涯课时没有用心了解并掌握每个专业的特点，选择专业时只是凭着感性认识选择了动画专业。二是盲从。该生的性格内向，不善沟通，其他同学的倾向性意愿在一定程度上也左右了自己的专业选择。三是盲动。大一期间学院开展了“红色1+1，学长进宿舍”帮扶活动，小梅没有很好地利用这个机会通过学长了解专业的特点，也没有充分利用职业生涯规划课的机会分析自己在专业选择方面的潜力和优势，在选择专业前又没有认真的了解各专业的具体情况，匆忙做出了决定。由于盲目选择、盲从跟风、盲动决定，当愿望与现实出现差距时，就出了茫然失措的状态。

2. 解决方案

针对以上情况，作为辅导员，我及时准确地了解真实情况，一针见血地指出她的问题症结，有的放矢地做好教育疏导工作。正如我们院长所指出的：“该同学的状态就是一种连锁反应，在越烦恼的时候越会把自己往错误的方向推，如果这时谁都视而不见或见怪不怪，不及时给予帮助指导，渐渐地就会使学生迷失方向、丧失信心。现在最需要的就是让她大脑保持清醒，好好想想专业优势，才能鼓起学习的兴趣和勇气。”

三、辅导过程

人们常说：“选对了朋友享受一生，选对了职业幸福一生。”大一学生虽然已年满十八周岁，但在抉择方面却还略显稚嫩，他们需要经受思考、担当的锻炼，在人生的关键阶段、重要关口，需要及时给予正面的教育和引导，帮助大学生进行学业、职业规划就是其中之一。

（一）辅导过程

1. 大一学业方向引导至关重要

我院对大一新生开设了《学业规划辅导》课，近年来均由学院院长亲自授课，内容涉及学业方向、性格特点、职业发展等领域，以增强学生对专业的喜爱和对职业的认知。各系主任还专门开设了研讨课，对各专业课程内容、就业领域、具备素养等情况进行介绍，有针对性地引导学生加强专业素养的培养，让每位新生在了解专业需求及职业发展前景的同时，初步选择专业意向。为学生尽可能找准今后的学业方向打下坚实的基础。

尽管小梅同学在专业选择上存在“三盲”问题，但她大一学业情况对目前专业的学习还具有一定的优势，这说明了学院在大一对学生的学业引导是成功的，且小梅当初选择专业时并没有摇摆不定，眼下只是对这个专业的学习环境和学习手段的不适应，产生了厌烦情绪。

2. 大二专业选择辅导最为关键

进入大二前首先面临的是专业选择，如果辅导员能够与专业老师做好充分沟通、密切配合，面对面地对每一位学生进行专业选择辅导，可以避免学生在选择专业时盲目看来头、盲从无计划、盲动“一窝蜂”。

当梦想与现实间出现某些差异后，反映出该同学进入大二后对所学专业的认识和准备不足，尤其是对动画的喜欢还没有上升到专业的程度。消极感受会增强失落感，由于对教学方法的不满意，逐渐转化为对所处学习环境的抱怨。面对小梅的自叹和质疑，我及时进行了深度辅导，肯定了小梅在专业方面取得的成绩，以及专业学习的优势；明确学校目前采取的教学方法是帮助同学们提高专业水平的必由之路，且学业乃立身之本，只有努力学好专业知识，方能实现未来的精彩。

3. 大三坚定信心引导必须具体

进入大三后的专业引导要具体，在坚定学生专业选择信心的同时，要持之不懈地鼓励学生加强专业学习和锻炼。一是用榜样示范的方式引导，用成功的事例鼓舞激励学生，树立敢打必赢、坚持必胜的信念；二是用眼下面临的形势警示，防止学生出现三心二意、浑浑噩噩、毫无目的地度日；三是用未来就业的规划启迪，尽快适应专业授课方式，找到适合自己的学习方法，培养深厚的专业学习兴趣。

针对小梅的情况，在大三对专业知识和技能进行分析后，我与她一起探讨了学习动画的初衷和目的，并告知小梅数媒系能够学到广告宣传、平面设计、网页制作和影视后期制作等内容，以增强对专业的认知。此外，院长和系主任也主动介入指导，在“艺多不压人”的鼓舞中，敦促她尽可能多地投入精力学习，为未来顺利就业打好基础。

（二）辅导效果

通过院领导、系主任和我在学业规划上的引导，小梅的变化非常大，达到了理清思路、深化认识、增强信心的目的，最为明显地就是做到了“四个认清”：

1. 唯有改变才能适应

小梅认识到了自己之所以出现烦躁不安，是因为对所学专业缺乏认真的思考和前瞻性的把握，要解决好这个问题，就是要尊重和坚持自己的选择，不能也不应该好高骛远、轻言放弃。性格上由原来在班里专业较好、自视清高、不善言辞，变得热情洋溢、充满阳光、积极向上，喜欢与老师沟通、与同学交流。

2. 自信才能获得成功

专业不是感性的，也不是纯粹的爱好，要实现由喜爱动画到把动画作为专业对待。小梅不再排斥使用电脑完成设计和作业，而且想尽办法把专业学实、学深、学精。大三时因专业成绩非常突出而获得了奖学金，并作为获奖代表在学院奖学金颁奖大会上发言，用亲身经历说明只要坚持自己的选择，找回自信，就能获得成功。

3. 沟通交流非常重要

院领导、系主任和辅导员不厌其烦地与小梅谈心聊天，耐心地听取小梅的倾诉，使小梅的心情变得轻松，开始认识到自身存在的问题，明白选择后需要一个漫长过程的付出，才能学到真正的知识。解决了沟通的问题，小梅与老师的交流更加主动、顺畅、频繁。

4. 处事之道必须坚守

小梅多次参加动画专业设计比赛，在获得优异成绩的过程中更锻炼了胆识。小梅在大三下学期递交了入党申请书，经过组织三个月的考察培养，达到了入党积极分子的条件，并参加了学校的党课培训，获得了优秀学员。小梅还积极适应社会需要，提前做好了大四毕业设计的准备。

现在的小梅已经成为一名热情开朗、具有正能量代表的模范生。

四、经验启示

这一案例使我深深体会到，辅导员不仅是学业解惑者，更是学业指导者、学生成长进步关键阶段的贴心人，需要在顺境中鼓励、在逆境中引导，在工作中用心去体贴、感化，培养学生正确的世界观、人生观、价值观，才能激发他们朝着既定目标坚持不懈努力的勇气。

1. 需要奉献一颗关爱心

如今的大学生都是 90 后，对事情的判断和处理往往容易以自我为中心。特别是艺术类教学重在培养学生独立自主创作的习惯，这样也会导致学生集体荣誉感和团队合作意识相对淡薄。我从关心关爱的角度主动接触学生，关注学生成长，走入学生生活，做到有疑惑能够及时解答、遇困难能够主动帮助，并利用团体活动、项目合作加强集体责任感和服务意识的培养，组织学生参加“阳光志愿者”、养老院敬老等社会公益活动，与学生成为真诚朋友，换来学生认同，才能及时有效地做好学生的思想工作。

2. 需要落实一个责任心

学生由四面八方来到一个学习的新环境，犹如临时组成了一个大家庭，辅导员就是这个大家庭的“家长”，肩负着教育引导之责。我平时尽可能多与学生聊天沟通，发现问题及时指出，存在不良倾向及时纠正，出现违纪苗头及时制止，特别是对一些事关为人处事的习惯性错误及时进行引导。让学生在自我成长的过程中，始终感到有一种适当的必要的外力支撑和约束，才能长成枝叶繁茂的参天大树。

3. 需要保持一种恒久心

辅导员的工作比较单调，经常会遇到一些困难。但当面对一群遭受挫折而产生沮丧、失望、茫然之感的年轻学生时，我始终坚持“不抛弃、不放弃”的原则，想尽一切办法，掌握实情，把准脉搏，采取有效手段，坚持不懈地做好学生的思想教育工作。针对艺术类学生相对漠视思想政治教育和文化基础薄弱的现实，加强校园文化建设，举办各种集体活动，落实“走出教室，走出网络，走进操场”的要求，将实践活动、专业教育和思想品德修养结合起来，使每名大学生懂得珍爱生活、珍惜美好时光，谱写出完成实现人生跨越的华美乐章。

4. 即时总结提炼经验，提高辅导能力

继续以典型事例研究为突破，注重加强对大学生学业规划相关课题的反思、交流、辅导，不断地丰富有关的数据资料和素材，及时总结、提炼出更多的具有实际价值的辅导经验。

专家点评：

这是一起因为转专业而引发的事件。该生在经过缜密思考、精心挑选之后转到了心仪的专业，谁料到此“动画”非彼“动画”，梦想与现实之间产生了差距，进而产生了学业困难。因为对专业认知的偏差而盲目，因为没有主见随大流而盲从，因为对专业和自身的不了解而盲动。这种情况在大学生中并不少见，在二年级转专业时就可看到报名的同学趋之若鹜，特别是一些所谓的热门专业。这其中不乏一些同学是盲目的，这山看着那山高，为了转专业而转专业，并没有将自己的兴趣、优势以及今后的职业规划结合起来，在转专业之后又因为对所选专业或是学习环境和学习手段的不适应，而产生厌烦情绪。针对这种情况，学生的《学业规划辅导》要讲深，做细。除了要讲清学业方向、性格特点、职业发展等事项外，还要针对每个学生的情况制定不同的指导意见，做到一学生一方案，并进行跟踪，要根据产生的问题和情况随时进行修正和调整。

北京工业大学经济与管理学院党委书记　金峰

多任务情境下，如何保证重要目标的实现

一、案例概述

蕾蕾，女，22 岁，任所在支部党支部书记。蕾蕾学习刻苦，对科研有较为浓厚的兴趣。在结束 1 年半的研究生学习后，她立志要考取复旦大学博士。目前，离考博尚有 1 年左右的时间，蕾蕾手头事情却异常繁多：做实验搞研究、学习使用化学软件处理数据、发小论文、处理学生入党发展与其他活动，有时还需帮导师完成一些临时任务。据她说，最近她每天都经历着这样的煎熬：一边做着这件事，一边老想着另一件事；有时干脆什么也不做，只是一味担忧自己的考博目标能否实现。总之，效率与质量都极为低下。本次寻求辅导的目的是希望调整状态，在多任务情境下，学会平衡心态，合理安排时间，提高学习质量与效率。

二、案例分析

学生遇到的问题是时间管理的问题。因为多任务多角色带来的巨大压力，是很多大学生经常遇到的问题。尤其对自己要求较高但又缺乏时间管理经验的低年级学生，因个人爱好广泛，在多个社团任职，经常面临社团工作、竞赛、学习、考研、实习与娱乐等多任务情景。对此，他们比较常见的处理方式有二：一是因为事情太多，不知从何下手，因此过分焦虑，以致不敢也不愿随意行动，故停在原地不动，显得行动力低下。二是由于

事情多，角色多，做其中任何一件事情时总会想到另一件事，从而不能做到安心与专心，故效率与质量都低下。听蕾蕾的描述，她大部分情况下处于第二种状态，每天都在做事，但感觉效能低下；有时也走向第一种，因为感觉自己无力同时应对这么多任务，故放弃努力，停滞不前。

面对此类案主，我考虑运用教练技术的辅导思路：建立关系—评估现状—厘清目标—确定路径—促进行动—跟踪督促。重点在于帮助他们改善心态，区分任务的类型及轻重缓急，并找到合适的时间管理工具，在持续督促下，让其尽快进入充满活力与动力的状态。

在形式上，我采取面对面线下约谈与线上交流相结合的方式进行辅导。

三、辅导过程

（一）辅导过程

1. 建立关系

与蕾蕾首次面谈是在 2015 年临近春节的一天上午，天很冷，蕾蕾进屋时脸与手冻得通红，我递给她一个暖手宝，并给她沏了杯热水。她接过来，有些羞涩地笑笑，看得出她眼里装着焦虑。我问她什么时间回家过春节，她说最近还有些实验数据要整理，估计一周后回家。寒暄几句后，我们转入正题。

2. 评估现状

为确认蕾蕾真正的困扰所在，我让她把约谈前所做的信息收纳表交给我，并让她描述了最近典型一天的工作及学习状态。她介绍，周一至周五，她每天有大约 9 个小时在实验室做实验、学软件与处理数据、有时也需处理党支部的各种事情或导师的临时任务等，晚上通常能留出 1—2 个小时复习英语与专业课。但事实上，她经常在做实验时牵挂考博复习，复习时又牵挂做实验，难以完全集中精力，因此两方面的效率都很低。虽然周末不做实验，时间较为充足，但因为其他杂事太多，有时还贪睡与好玩，又没有具体的复习目标与计划，只泛泛地背背单词、翻翻专业书，其效率也很低。她说话的表情有些自责与忧虑。

通过信息收纳表的查阅与现场交流，从考博动机的确认看，蕾蕾的大目标较为清晰，而且很坚定。从她的性格与能力上看，目标难度对她也适中。从她对自己复习时间的估计，她有一定的紧迫感。因此，多任务在时间上的冲突、对未来目标的不确定是导致蕾蕾心情烦乱、不知所措的重要原因。为此，我初步判断她有两方面的困扰，一是在同时面对繁忙的实验与考博等多个任务时，不能找到彼此内在的密切联系，把任务相互对立导致心情焦虑（心态不佳）。二是过于宽泛与粗放的考博目标由于没有合理分解，导致其行动力与学习效率均不佳（缺少方法）。

3. 设定辅导目标

了解了她的困扰所在，我让她给自己设定一个理想的时间分配与工作学习状态。因为离考博还有近一年的时间，所以她对近期分配给复习的时间期望值并不高，目前能保持每天 2 小时的复习时间就足够。但她希望自己在实验室时能“专心”做实验，晚上或周末时能静下心来“全力”复习。她强调了“专心”与“全力”。我也明显察觉到她要解决的是如何做到“专心”与“全力”，以提高行动力与效率。

4. 确定实现路径

要实现辅导目标，使蕾蕾做到“专心”与“全力”，重要的是消除蕾蕾对做实验（占有最多时间）与考博复习在时间冲突上的焦虑，即调整心态；并指导她将考博目标加以分解、细化，即传授知识与技能，使之掌握目标与时间管理的方法。这是整个辅导的关键环节。

（1）调整心态

寻找多任务之间的密切联系，也许能帮助她消除焦虑。于是我问她，做实验与考博复习在时间上表现为“竞争对手”，但是否也可以成为“合作伙伴”呢？她笑了笑，说做实验才能出数据，出数据才能出文章，有文章才能毕业，能毕业才能考博……听起来很有逻辑但略显干涩。我接着问她是否想过将两者做到“你中有我，我中有你”。她愣了一下，突然眼睛发亮，说有了，她可以把做实验需要的技能与考博需要的知识相互融合、相互验证与巩固。两张“皮”统合成了一张“皮”，这让蕾蕾好像发现了新大陆似的兴奋不已。原来所有的事情都是相互关联的，关键是如何建立彼此的链接。

（2）学会清空大脑

我让蕾蕾将近一个月内所面临的全部任务都写下来，她一口气写了近20件：做实验搞研究、学习软件、处理数据、查阅文献、撰写科技论文、党员发展、党员理论学习、健身、兼职做英语笔译、学英语、复习考博专业课、联系复旦大学导师、索取考博资料、帮现在的导师做PPT或购买实验用品、每周与男友的一次周末相会等等。最有意思的是，她还在最后加了一条：每天都在担心考上博士后，自己是否能适应博士高强度的研究工作，是否适应从北方至南方的气候与饮食。写完后，她说脑子里一下有了清空的感觉，没有以前那样憋闷了，但心里还是有些乱，不知从哪里下手。

（3）将事件与目标建立链接

我运用教练技术中的平衡轮工具，让她将上述事件分别归纳总结出几个大目标：顺利考博（英语、业务课、软件、联系导师、索要资料）、顺利毕业（科技论文、查阅文献资料、实验等）、保持身心健康（健身、娱乐）、保持个人地位（党支部相关事项）、实现财务独立（兼职翻译）、保持良好关系（导师安排的临时工作、与男友每周的相会）、其他（担忧等）。并画出一个大圆圈平分成七等份，将上述内容分别填入平衡轮的各个区域。近20件事，一下浓缩到了7个小目标。关于她每天花费在对未来博士生活的担忧这个费时但毫无建树的事情，我让她回忆曾经是否有过这样的情况，事情没发生前，原以为特别特别困难，但真正发生了，却不如想象中的艰难。她想了想，说，之前有个党支部与周围社区的互助活动，让她有这种类似的体验。于是，我将她从活在“未来”拉至活在“当下”，引导她放下对未来的担忧，着眼当下的未雨绸缪。经过这个过程，此时的蕾蕾似乎没有那么焦躁了，把平衡轮中的第七块“其他”果断地用笔叉掉了，7 个模块变成 6 个模块。

（4）周计划与日计划

近 20 件事情，浓缩到了 6 个小目标，这些目标所涉及的事情，是否每天都得要做呢？我让蕾蕾以 1 个星期为期限，根据紧急与重要程度，对每个区域中的事情再次分类，放入时间管理矩阵的四个象限：紧急且重要，可以突击完成；不紧急但很重要，每天坚持做一点；不重要但很紧急，少做；既不重要也不紧急，不做。接下来，我让她根据“自己做与授权他人做”的维度，对上述四象限中的每一类，区分“必须自己承担”与“可以授权他人完成”两大类。

经过这两次分类，她对马上要做的重要且紧急的事项（如联系导师，确定攻博方向等），每天要做的重要但不紧急的事项（科研、复习等），完全没必要做的不重要不紧急的事项（担忧、过度玩耍等），可做可不做的紧急但不重要的事情（朋友约周末逛街或电影等），都较为清晰地罗列在时间管理象限里，并想到了要把党支部的部分事项与导师交代的临时事项委托给他人完成。

关于进一步提高工作与学习效率，我着重引导她尽可能一次性把事情做“对”，避免徒劳返工。到此，近 1 周必须做的事情，蕾蕾已经比较清晰明了。我进一步让她对当天要做的重要事情列出三件。一步步，近 20 件事情，变成 6 个大类；6 大类中，部分事件成为近 1 周的待办事情；最后落实到每天的 3 件重要事项，蕾蕾开始感觉轻松了很多。

5. 促进行动

当蕾蕾调整了心态、基本学会了目标的分解与制定后，接下来需要做的是促进她把辅导中学到的有关对待多任务的方法与态度、目标分解与计划制定等知识与技能运用到日常工作与学习实践中。于是我问她下一步的行动。她说会进一步梳理手头的各项工作，适当做些“减法”，然后详细列出近三个月的行动计划。我鼓励她坚持下去。

6. 跟踪督促

行为只有不断反复强化才可能成为一种习惯。因此，持续的跟踪与督促，是巩固辅导成效的重要手段。蕾蕾在第一次辅导后制定了周计划、月计划、季度计划，并向我定期反馈执行情况与疑问。在我的督促下，她积极行动并适时调整行动计划。

（二）辅导效果

第二次见面，蕾蕾拿出了近两周的计划以及执行记录，我发现她本子上密密麻麻地写着：某年某月某日，开展了某某有机合成创新实验，过程中运用的知识、方法与考博重点知识的关联性，并用各种符号表达关联度大小。同时，我发现她将时间矩阵画在本子中央，把重要不紧急的效能象限做了重点标记……对于她而言，持续近 14 个月的考博复习其实是一系列重要不紧急的事情的组合，但与之相关的一系列事情，如联系导师，搜集资料、准备论文等却可能分布在重要紧急的第一象限与重要不紧急的第二象限。

通过 2 次见面辅导，以及日常的微信、飞信等新媒体手段介入，蕾蕾逐渐形成了在多任务中寻找链接以减少焦虑、增加专注度的好做法。她的悟性与创意大大超出了我的预期。尽管过程中蕾蕾的状态时常发生起伏，但通过反复运用平衡轮与时间管理工具，归纳分类，并分清轻重缓重，很快，蕾蕾在繁重的多任务中找到了较好的时间与心理平衡点。毕业前的准备工作与考博复习等均顺利开展。她说，经过辅导后，最大的收获是调整了心态，尤其是逐渐学会了专注当下，把手头的每一件事做好，而不再如从前一样做一件事又想着另一件事，每件事情都做得过于表面，时常要返工。另外，她说学会把大目标分解成清晰可见的小目标，“远粗近细”的方式让她每天都能为目标做一点努力，感觉很充实、很有成就感。很幸运，蕾蕾在今年 5 月中旬得到消息，已被复旦大学化学系录取。

四、经验启示

1. 明确目标，任务分解

当面对多任务多角色的压力、效率与行动力低下的个案时，从动机、目标清晰度、多任务冲突、目标坚定程度、目标难度、紧迫感、目标分解与时间管理等因素入手均是帮助来询者探究解决方案的重要方向。

2. 建立联系，可视化目标

多任务冲突时，帮助学生分解任务后，建立起不同人物之间的联系，平和心态、解决行动力与效率问题最重要的路径之一。此外，对多个任务进行归纳并形成积极的目标，使目标与行动建立可视化的直接关系，将是挖掘每个行动意义、保持持续动力的重要方法。当然，让学生学会对目标进行分解、学会时间管理、争取把事情一次性做“对”等均是进一步提高行动力与效率的实现路径。

3. 交叉融合，持续关注

本案例综合运用了知识传授式的“指导”、陪伴促进式的“咨询”、激发能量式的“教练”等方式，较好地使辅导对象在态度、知识与技能上产生变化与改善。为巩固效果，本次辅导采用线上线下同时进行辅导的过程，也就是连续督导学生在日常学习、生活中保持良好状态，或者在状态欠佳时帮助其及时调整以保证身心能量同在。

专家点评：

现代社会的节奏越来越快，如何有效地对有限的时间进行管理是个重要问题，时间管理的水平是工作效率甚至是工作水平的重要体现。该案例主人公在社团工作、竞赛、学习、考研、学习与娱乐中应接不暇，手忙脚乱，能做好的没做好，能做的也没做。辅导员老师通过建立关系—评估现状—厘清目标—确定路径—促进行动—跟踪督促这一思路帮助其改善心态，区分任务的类型及轻重缓急应用合适的时间管理工具，在持续督促下，有效地提高了其时间管理水平，使其保持了应有的活力和动力并实现了个人目标。

帕累托原则对我们管理好时间大有帮助，其核心是分清事情的轻重缓急，对每天我们要面对的纷繁复杂的事情按重要且紧急、紧急但不重要、重要但不紧急、既不紧急也不重要进行分类，并按序进行办理。

北京工业大学经济与管理学院党委书记　金峰

不离不弃，让就业不再困难

一、案例概述

我所带的工业工程专业×××班共有学生31名，男生25名，京外生源学生9名，延期毕业学生1名，转专业学生5名。相比学院其他班级，京外生源学生多、转专业学生多、班级成绩差，专业对口就业单位选择范围窄。

2012年4—5月，该班参加过招聘会的同学都是留下简历后就一直被动地等待用人单位的消息，最终一无所获。大部分同学不参加招聘会，老师发的就业信息不看，短信也不回。很多同学白天在宿舍打牌、上网玩游戏，半夜睡觉一直到第二天午饭后。

截至2012年4—5月，学院除去就业形势非常好的专业，一般的专业学生就业率也达到了60%左右，该班却不足40%。

二、案例分析

这是一个历来就业低迷的专业，2011年我校取消了该专业的招生计划，这些负面信息对该班同学的情绪影响很大，他们认为社会对这个专业没有需求，自己没有就业出路，大学白念了。缺乏就业动力，导致学生们对个人发展的责任意识降低，每天无所事事，混日子。因此加强对学生的就业指导是我工作的重点。

经过深思熟虑，我决定增进与他们的沟通，使他们感觉到自己并没有被抛弃，有老师、家长的关心。同时，帮助他们树立起信心，提高个人发展的责任意识。对全班学生进行有针对性的就业辅导，提高学生就业所需的专业能力和综合素质，提高就业成功率。

三、辅导过程

（一）辅导过程

1. 拉近距离，增进沟通

我加了所有毕业生的飞信，并通过经常进班级、进寝室、线上线下联系等方式，拉近我与学生的距离，通过以上措施，我更透彻的了解学生和他们在就业方面存在的问题。

2. 首问负责制

每一位毕业生无论有什么问题，都能第一时间在我这里得到满意的答复，决不敷衍推诿或将学生推向其他部门。学生发现自己的问题能够得到及时解答，不仅降低了专业取消的失落感，也增强了对学校、老师的信心，更增强了对自己的信心，从而认真地做就业准备。

3. 提供专业的就业指导

在就业工作中，从实习工作到毕业生鉴定、毕业生就业动态情况统计、收集就业信息；从学生个人简历制作指导到应聘指导、签约手续办理；从指导学生应聘礼仪和择业技巧到面试时的言行举止等，帮助学生自信地应对面试，在面试过程中掌握主动权，充分展现自己。

4. 实时关注签约进度

在原有学生就业信息的基础上建立电子版的管理系统，做好对毕业生就业进展状况的实时动态把握。定期（每月两次）召开尚无工作意向学生的座谈会。营造氛围，使同学们了解到越来越多的同学通过努力找到了理想的工作，从而提高自己就业的积极性。

5. 积极联系用人单位

尽量掌握用人单位的相关情况，做到知己知彼。一方面积极配合用人单位工作，加强交流，向用人单位推荐学生。另一方面保证学生的就业安全。

6. 紧密联系家长

充分挖掘家长的社会资源，在学生就业问题上让家长起到推手作用。

（二）辅导成效

1. 就业率

经过几个月师生共同努力，至当年 8 月 15 日，全班 30 人（有 1 名延期毕业生）全部签署三方协议，签约率从 4 月份的 40% 左右上升到 100%，这个号称就业“老大难”的班级，率先达到签约率 100% 的好成绩。

2. 就业质量

全班 30 名毕业生，三分之二的同学到中科院、政府机关、公安局、大型国企、上市公司工作或到 985 大学攻读研究生、出国留学等，就业质量大大提高。

3. 学生的发展

该班原班长，在我的个体辅导和帮助下，很快找到了自己心仪的工作，由原来的玩闹带头人成了全班就业工作的得力助手。在参加工作不到一年的时间，他已经升任人力资源部的经理助理。次年 10 月，他带领他的团队来到学校进行校园招聘，当时就有一位同学又签署了该单位的就业协议。他回校看我时说：“老师，我一定好好表现，为学校、为您争光。”

4. 就业单位反馈

班长就职单位的人力资源经理向我表示，由于您的学生表现非常优秀，我们单位决定还要陆续多招您学校的学生。

四、经验启示

1. 加强学生的实践教育，有针对性地开展就业实践活动

过去，高等教育精英式教育，毕业生就业是不成问题的。现在，高等教育从精英化教育向大众化教育转化，加之经济结构的调整，市场竞争的加剧，对人才提出了更高的要求；高等教育中某些专业的设置不尽合理，教育质量有待提高；学生对自己和社会需求缺乏正确评价和判断，就业期望值较高……大学生就业难问题出现并加剧，因此有必要加强学生的实践教育环节。从三年级开始，考虑建立有效的对口学生实习基地，由专业老师们带领、组织学生到对口、高质量的实践基地开展教育实践活动。这样不仅丰富了学生们的课余文化生活，也为毕业生少走弯路、积累就业经验打好基础，将课本所学运用到实践中去。

2. 实践辅导员、班主任对班级的“发展式生涯辅导”，实现大学生教育培训全程化

学生成长、成才、顺利步入社会，是学校办学的重要目标，学校目前已经开始设置学生职业生涯规划、就业指导等课程。学校非常重视此项工作，正在从大一新生入学抓起，分阶段对学生进行发展式的学业生涯辅导教育。对辅导员、班主任进行不同类别的学生生涯辅导的专业培训，辅导员、班主任应用专业的方法对学生进行择业观教育和应聘技巧的指导。

3. 进一步落实全员育人的教育理念

引导全校教师，把毕业生能否充分就业上升到能够影响学校可持续发展的高度来认识，始终本着对学生负责的态度，使毕业生深切感受到学校方方面面的关心、关爱，提高学生培养质量，促进毕业生高质量就业。

专家点评：

工业工程专业与其他专业相比而言是就业相对困难的专业，辅导员能够有针对性地进行思想教育工作，是开展就业指导工作的基础。该辅导员

能够抓住班长的特殊学生身份，从对班长进行个体就业辅导为切入点，然后由班长起到示范效应引导同班其他毕业生积极就业。这是一种很好的方式。另外，辅导员通过拉近与学生之间的距离，实行首问负责制，让每一位毕业生的就业学业问题第一时间得到满意的答复，增强了学生对老师的信任感，学生的积极性也会得到很大提高。该名辅导员之所以能够做好这个班级的就业工作，与他工作的深入、善于分析问题及正确的工作方式是分不开的。

北京工业大学就业创业指导中心主任　刘赵森

做软件类大学生成功就业的桥梁

——以北京工业大学软件学院为例

一、案例概述

软件产业的发展水平决定了一个国家的信息产业发展水平及其在国际市场上的中和竞争力。目前，我国软件高级人才的短缺已经成为制约我国软件产业快速发展的一个瓶颈。在中国，高校计算机专业毕业生中的软件工程人才还很缺乏。尽快培养起适合信息产业所需要的高素质软件工程人才，已经成为信息化工作中的重中之重。基于此，信息产业部联合五部委颁布124号文件《关于进一步提高我国软件企业技术创新能力的实施意见》中明确提出，要“加快培养软件测试人才”。文件出台以来，软件行业近年来一直是最具有潜力的长青行业。据预测，当前我国软件人才的需求量为100万人左右，且这一需求仍在以每年20%左右的速度增长。

北京工业大学软件学院自2001年成立以来一直立足于国家示范性软件学院的办学宗旨，以培养学生的动手能力和实践能力为基础，大力加强校企合作，为国家的信息化建设输入了大批的软件人才。软件学院2015—2016学年毕业生共有204人，其中本科143人，三个专业：分别是软件工程、数字媒体技术和软件工程（嵌入式系统方向实验班）；研究生毕业生61人，其中博士3人，全部为软件工程专业。然而，软件学院前几年专业优势并没有充分发挥，招收软件学院毕业生的单位也都是业内中等水平的公司，缺乏大公司的认可度，工作岗位的技术含量也有限，有些甚至与所学专业毫无关联。

二、案例分析

（一）案例分析

根据以上分析，我们通过走访和调研，归纳学生就业不理想的原因大致有以下三点：

1. 地理位置限制

北京工业大学软件学院的地理位置与软件类核心企业和技术研发机构的距离较远。众所周知，软件类核心企业和技术研发机构大部分都在海淀中关村附近，并已形成了规模化发展。而北京工业大学软件学院地处北京东南角，与北京西北部的中关村科技园相距甚远，相较其他学院路附近的高校存在地理位置上的不便，不利于相关企业认识并了解我们的毕业生们。

2. 学院知名度低

北京工业大学软件学院建院时间短，企业知名度不高。软件学院成立于 2001 年，虽然经过了十几年国家示范性软件学院的建设和发展，但业内知名度并不甚理想。就现阶段，软件学院已有两个国家教育部特批的卓越工程师计划专业，也培养了大批动手能力强，具备一定专业素养的软件类毕业生，但“酒香也怕巷子深”，我们需要帮助他们与企业成功接轨，实现自我价值。

3. 学生就业心态需调整

北京生源毕业生眼高手低的就业心态，影响了他们的签约结果。北京工业大学软件学院历年毕业生中，本科生大部分是北京生源，没有生活压力，欠缺挫折教育，使得他们不能正确面对就业过程中的困难。一遇到问题，大部分都出现眼高手低的现象，使得他们很难长时间的从事某一工作，最终导致竹篮打水一场空的结果。

（二）辅导策略

通过上述分析，结合北京工业大学软件学院现状，自 2011 年起，软件学院学生工作办公室采取了一系列就业帮扶措施，帮助同学们正确认识就业，做好他们成功就业的桥梁。

1. 各级领导高度重视学生就业工作。

2. 调动全体专业导师，积极协调拓展就业信息渠道。

3. 坚持“走出去，请进来”的就业指导理念，尽力让学生做到“明白”就业，“快乐”就业。

三、辅导过程

（一）具体辅导过程

1. “明白”就业、“快乐”就业的工作指导目标

自毕业季前一年的 6 月，学院就会针对来年应届毕业的本科生、研究生召开专项就业动员会，传达相关就业政策，同时邀请当年毕业生中就业经验丰富的同学亲授就业注意事项，从学生的角度帮助毕业生们认识就业过程。从暑期开始准备就业简历，关注就业招聘信息，建立就业信息传递渠道，保证每一位同学都能通过学院得到相关的就业帮扶。

2. 发挥“走出去，请进来”的就业桥梁作用

首先，组织学生实地参观企业工作环境及招聘现场，让学生切实感受企业氛围，明确自己的职业定位，便于找到合适于自身的工作。软件学院曾组织学生参观了恒泰实达公司、人民搜索网、乐元素技术有限公司以及云基地企业联盟等。

其次，为方便学生及时掌握有效的招聘信息，软件学院学生工作办公室特于每年的 9 月—12 月开展了“软件学院就业招聘嘉年华”活动，现今为止已成功举办 5 届，共有 60 余家企业到校宣传。“定期、定时、定点”开展企业招聘宣讲活动，于每周固定时间，在学院固定的教室，邀请业内相关企业到院内进行专场招聘宣讲。来院宣传的企业有华为技术有限公

司、中软国际、中科院软件开发中心、中航信等各大知名企业，有的公司现场就进行了笔试和面试等环节，节约了学生的就业时间成本，受到了大家的好评。

3. 构建畅通的就业沟通保障体系

良好有效的沟通体系是就业工作高效、顺利开展的前提。为了保证就业工作的及时和到位，需要建立完备的就业信息沟通渠道。软件学院学生工作办公室建立了“四位一体”的就业服务信息保障体系，通过网络沟通、班委沟通、电话沟通和教师沟通，24 小时为毕业生提供就业服务，保证了就业信息渠道畅通和及时准确。

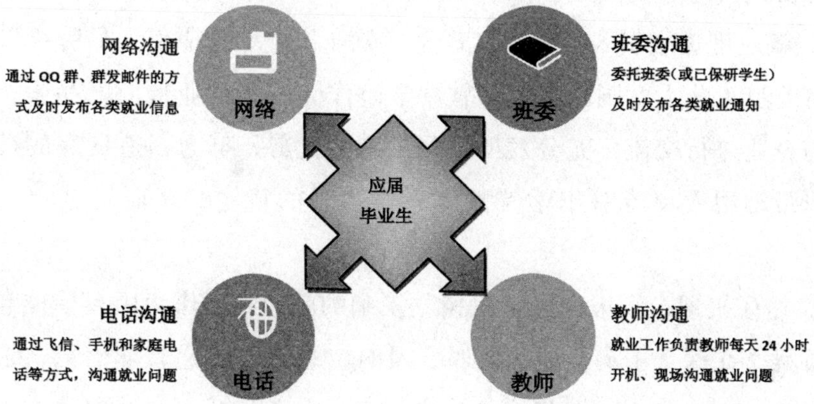

（二）辅导成效

通过几年的就业推进工作，截止到 2016 年 6 月，全体 2016 届毕业生就业率达到 100%，其中本科升学率 31.6%，到西部地区就业学生 3 名。同时签约的单位有：华为技术有限公司、中国软件与技术服务股份有限公司、中国工商银行股份有限公司软件开发中心、中国 IT 产业国际合作协会、民航数据通信有限责任公司、兴唐通信科技有限公司、北京大唐高鸿数据网络技术有限公司、中国国际航空股份有限公司、联通系统集成有限公司、盘古文化传播有限公司、中国建设银行股份有限公司、航天长征火箭技术有限公司、西安中兴软件有限责任公司等大中型企事业单位，并与多家知名单位建立了联系。大大提高了北京工业大学软件学院的声誉，为进一步拓展2017届毕业生的就业工作奠定了良好的基础。

四、案例启示

1. 就业工作需不断推进。就业工作仅仅依靠专业需求优势还远远不够，仍需要我们的不断努力和推进。“酒香不怕巷子深”的时代已经过去了，迎接我们的是百舸急流，人才爆炸的时代。如何让毕业生们找到更加契合自己的工作，充分发挥自己的专长，实现自身价值，是每一位教育工作者需要认真思考的问题。

2. 就业推进应引入品牌推广理念。就业推进工作应引入品牌推广的理念。将北京工业大学国家示范性软件学院作为一个就业推广的品牌，积极深入与企业进行交流，充分发挥校园招聘的优势，努力营造良好的社会声誉，以带动用人单位对于学院整体教学质量的肯定，从而促进学生成功就业。

3. 抓住机遇，积极引导学生树立正确的就业观。作为用人单位与毕业生的桥梁，在深入了解企业的同时，及时、有效的传递就业信息，根据学生的专长和兴趣点不同推荐就业单位，将会大大降低企业的招聘成本和学生的就业成本。还应该积极引导学生树立正确的就业观，摒除眼高手低的现象，才能实现成功就业。

就业工作仅仅是学生成才路上的小小助力，它离不开教学、科研、社会实践等等学生培养各环节的共同努力和耕耘。相信通过我们的不懈探索，必将为学生的成功就业搭建坚实桥梁，为祖国的信息化人才建设添砖加瓦。

专家点评：

软件学院是一个很有专业特色的学院，学院能够结合自己的专业特色，并根据当前社会就业需求，主动分析学院学生就业状况与不足，从院领导到具体从事就业工作的辅导员班主任齐抓就业，并调动全体专业导师，积极拓展就业信息渠道，为学生就业保驾护航。学院每年开展的“软件学院就业招聘嘉年华”活动很好地为学生和企业搭建了有效平台，学生能够不出校门就可以近距离接触企业并得到企业的指导获取就业信息，有利地促进了学生就业工作。

北京工业大学就业创业指导中心主任　刘赵淼

自己的未来自己做主

一、案例概述

晓辉，男，研究生一年级学生，凝聚态物理专业，专业成绩很好，在班里名列前茅，性格在外人看来相对比较内向。上研究生后，多次积极主动参加学校和学院组织的各项活动，也是学院研究生会的一名学生干部。他爱好广泛，读书以及各种运动如足球、篮球、乒乓球等都是他的最爱，个人技术也不错。他很爱交朋友，重感情，中学的朋友现在也经常联系。

他来自农村，家里还有一个妹妹。父母都以务农为主，体弱多病，家庭经济条件相对比较困难。由于家里选择让他读书，妹妹因此失去了读书的机会，至今一直在家务农。也正是因为这件事，他心里始终感觉对不起妹妹，更认为自己因为读书了，将来应该有大出息，作为家里继承"香火"的顶天立地的男子汉应该好好回报父母，以及帮助妹妹过上好的生活。这一直是压在他心理至今还难以实现的家庭"抱负"。

这天，他来办公室找我，说感觉现在这个专业越学好像越没有兴趣，看到师兄师姐的工作去向、薪酬待遇等也不是特别满意，所以突然不知道自己为什么要来读研，为什么要选择这个专业，将来到底要不要从事这个专业领域的工作，一时间好像大脑混沌了。他想让我帮他分析分析，因为他心里实在是太难受了。

二、案例分析

根据以往对晓辉的了解和与他最近的一次谈话，我运用职业生涯规划理论与方法，把晓辉的情况和需求归纳为以下几个要解决的问题，并与晓辉达成了一致的咨询目标：

1. 帮助他进行自我探索，了解自己的优势和劣势；

2. 启发他对自己未来的思考，帮助他建立起专业和未来职业的联系，特别是自己如何对所学专业进行正确的定位；

3. 帮助他挖掘出自己的职业需求。

根据以上咨询目标，我确定了基本的辅导思路：

1. 协助晓辉进行自我探索——包括性格、兴趣、能力、价值观等方面，了解自己的长处和不足，找到自己的职业兴趣；

2. 根据霍兰德人格类型理论中的适配性、一致性和区分性特征，对最终选择的职业进行人职匹配分析；

3. 启发他对自己未来的思考，澄清他真正的需要。

三、辅导过程

（一）第一次见面

通过标准化评估，帮助晓辉了解自己的性格、职业兴趣等方面。

1. 性格方面

我推荐晓辉采用学校就业服务网为学生免费提供的职业生涯规划在线测评—朗途大学生职业规划测评系统。晓辉的性格测试结果为 ISFJ 型（内向、感觉、情感、判断）。从测评结果来看，晓辉不太善于与人交流，喜欢独立工作，解决问题精力非常专注；感知外部世界倾向于关注细节，思维具有缜密性；同时他敏感、脆弱，非常注重人际间情感方面的互动和联系，人情味很浓；他能够积极地协助别人和组织成长，具有启发人的领导才能。就性格而言，晓辉是乐于在比较温情的环境下工作，并且这个环境要有足够的独立思考的空间。

2. 职业兴趣方面

对于职业兴趣，我们采用了兴趣岛的方法进行了探索。最后，他选出了愿意前往度假的岛屿的顺序是：I、R、C

我告诉晓辉，在霍兰德职业兴趣类型里，I 是调查型，这样的人重视调查，主要拿调查数据来说话，分析能力较强，对抽象的事物感兴趣；R 是实用型，这样的人喜欢具体的任务，动手能力和机械能力强，缺乏一定的社会交往能力，可能不喜欢和人打交道，但这也不代表着他与人打交道的能力就一定不强；C 代表事务型，讲求实际，能够按时完成工作并达到严格的标准，喜欢结构性、程序化的工作。他的测试结果体现出霍兰德代码的一致性的特点。晓辉告诉我，他觉得这个结果和他平时对自己的认识还是比较一致的，自己确实是一个爱动脑筋、爱钻研的人，做事讲究实效。

于是，我给晓辉留了一个课后作业，继续对自己进行自我探索，回忆和列出自己最有成就感的 10 件事。

（二）第二次见面

通过一系列的非正式评估方法引导晓辉对自己的能力进行继续的探索，帮助他建立起对自己更大的信心。

我问他，你认真地完成了我给你留的课后作业，能挑几件最有成就感的事情和我聊聊吗？他点头，说了三件事：

一是，他认为自己虽然出生在一个贫寒的边远农村家庭，但是家里的亲情很浓，这让他从小就感受到了父母和妹妹给他的爱。这些爱，他得到的不比城里的孩子少。小时候，因为一件事，他为妹妹出头和小伙伴打架，他觉得自己没有丢掉自尊，也凭借自己男子汉的力量保护了妹妹，至今他都因为这事为自己喝彩。

二是，从小到大，他的学习成绩都一直特别骄人，他是以全县第一名的成绩考入东北的一所大学的，为此，家里人脸上有光，他为家里争气了。上大学以来，一直到现在顺利考研，他的专业成绩都是非常不错的。

三是，他这个人做事向来光明磊落。求学这么多年，参加过大大小小无数次的考试，他可以问心无愧地说，他从来没有过作弊行为，即使是再小的考试也没有过。他看见身边的人都不拿这事当回事，他觉得很难受，他眼里不愿意揉沙子。

通过谈话，我感觉晓辉确实有一个非常聪慧的头脑，而且也非常适合学习他现在的专业，毕竟他的科研能力还是挺强的。我认为，他之所以突然觉得不喜欢现在这个专业了，是因为看到师兄师姐没有凭借这个专业找到更好薪酬待遇的工作。薪酬待遇在他看来很重要，薪酬待遇的背后其实折射出来的是他的那份浓浓的亲情和孝顺之情，所以他并不是从根本上厌烦自己的专业。

（三）第三次见面

继续上一次的非标准化评估，我对晓辉进行了价值观方面和未来职业发展目标方面的探索。

1. 价值观探索

我采用了“分类卡”的技术。在分类卡的练习中，晓辉最喜欢的词语是归属感、成就感、独立性、创造性、工作环境；最不喜欢的词语是刺激、冒险、管理权力、声望地位。从他的选择可以清晰地看出，他的价值观非常清晰，他是一个爱憎分明、重感情、追求卓越与成功的年轻人。

2. 未来职业发展目标的探索

我通过生涯幻游的方式，帮助他更清晰自己的职业发展目标。我启发他对自己的未来进行想象。他首先想到自己老年时是一个在本专业领域相对比较知名的专家和学者，同时，他自己的家庭，儿孙满堂，幸福美满。10 年后，他是一个在本专业领域小有名气的学者，同时，他的父母依然陪伴在他身边，尽情享受幸福的晚年生活。5 年后，他在所从事的职业领域里找到了成就感和愉悦感，因此他的生活态度也随之改变。并且，在他的帮助下，妹妹有了很好的归宿。

在进行了一系列的想象之后，我发觉晓辉非常的兴奋，同时，在他的想象里，我看出他对自己目前的专业表现出依然热爱的样子。

（四）第四次见面与辅导效果

共同探讨目前专业和未来职业选择的问题，启发他更多地从自己真实的想法出发，考虑自己的未来以及未来的职业选择。

这次，我发现他比我想象的进入角色要快得多。他认为和我的这几次约谈，最大的收获就是他成为自己的观察者。他回去思考了很多，他是喜爱自己专业的，并且将来也愿意在专业方面发展，愿意一直走下去。

我听到他的这些分享，简直高兴得不得了。

四、经验启示

1. 运用职业生涯规划相关理论与方法

这次职业生涯规划是我在参加了 GCDF 培训后，进行的第一次自认为较为规范和完整的咨询活动。这次的咨询实践，我大胆地采用了标准化评估和非标准化评估的技术，用到了很多访谈、倾听等方面的知识和技巧。在整个咨询过程中，我一直与来询者保持着和谐的情感互动。在咨询过程中，我始终铭记，咨询不是为了给来询者做出选择，而是帮助来询者在咨询师的引导下自己主动做出符合自己真实想法的选择。

2. 尽量减少移情，保持客观冷静

由于与来询者是师生关系，自然有对学生非常关注和关心的一面，所以，在咨询过程中，对学生的体验和感受投入了太多的感情，不知不觉地被他的话所打动，我知道这是真正咨询师的大忌，所以在以后的咨询中，我始终都要提醒自己的身份是咨询师，尽量保持一个平静的心态去倾听和回应来询者的各种疑问和困惑。

3. 避免陷入为技术而技术的误区

在咨询进行过程中，我的内心深处多少还存在部分疑问，反映出对自己采用的具体咨询技术掌握情况的不自信，又情不自禁地陷入了为了咨询而采用技术这样生硬的咨询模式中。以后还要多注意积累资料，多和同行交流。

专家点评：

晓辉的这个案例，在大学生中是比较普遍的，该辅导老师能够将自己所学的职业生涯规划理论与方法等专业知识运用到实际工作中指导学生，是值得肯定的。老师结合学生的困惑，通过让学生进行自我探索了解自己的优势和劣势，启发他对自己未来的思考，帮助他建立起专业和未来职业的联系，特别是自己如何对所学专业进行正确的定位，这是非常关键的一步。

北京工业大学就业创业指导中心主任　刘赵淼

专业与职业——人生的十字路口

一、案例概述

于同学来自北京，就读社会学专业，大一新生。在我办公室任学生助理工作，表现优秀。课余时间在校外的一个超市中做收银员的工作，工作比较乏味辛苦，但收入不低。

社会学专业是调剂的专业，他对此专业并不了解。在听了社会工作课程后，对社会工作专业产生了一些兴趣，但也处于一知半解的程度。同时，进入大学后，没有类似高中老师那种保姆式的管束与指导，不太适应，对今后的职业发展也比较迷茫。因此，他面临是否要转专业的两难抉择。

二、案例分析

（一）案例分析

该生的问题从表面看是新生的适应问题，但核心是发展问题，即是对个人今后的职业发展缺乏认知。

大学生对专业缺乏认识，这是普遍现象。对于大一新生而言，选择专业往往取决于高考分数和他人对专业的评价，个人较少对专业有一个全面的认知，尤其是对于社会上关注度较低的专业更加不了解，很多专业是学生在专业选择或者调剂前可能第一次听说，社会学和社会工作就在其中之列。

专业是大学生就业最重要的影响因素之一。一个专业往往会影响这个学生今后的工作态度、事业成就，甚至会影响这个学生今后的世界观、人生观、价值观的形成。专业教育虽然不是辅导员的工作，但是辅导员应为学生的选择提供指导，并积极利用已有优势，在思想和方法上有所作为。

我毕业于社会学专业，而且毕业高校的该专业在国内排名名列前茅，可以站在学生的角度来为其提出专业学习与认知的建议，推荐优秀参考书目等等。作为辅导员，我接受过较为系统的辅导员在学生发展辅导方面的培训，能为其职业生涯规划提供一定的比较符合实际的帮助。

（二）辅导思路

该生在高中时期学习上是一个要强的学生，生活上也衣食无忧，但是如果对大学生活的不适应，学习兴趣降低，将影响其今后的发展与进步。我打算从以下三方面帮助他解除现阶段困惑。

1. 建立对专业的认同。

2. 明确专业前景。

3. 做好职业生涯规划。

三、辅导过程

（一）辅导过程

1. 帮助他建立对专业的认同

因为年龄差距不大，我以与同伴聊天的方式，通过列举各类社会问题出现时，社会学家们深入和独到的见解，帮助他找到社会学类专业在分析问题上的优势；通过列举社会学调查方法中统计学的应用，在进行投票选举中的精彩预测，帮助他发现社会学类专业在解决问题时所运用的统计方法；通过向他述说我自己读书期间前往各个城市、乡村进行社会学调查时的有趣经历以及老一辈社会学家田野调查中的奇闻趣事，帮助他建立专业的认同。

2. 帮助他明确专业的前景

我向他介绍了我本科与研究生社会学类的同学找工作的情况，以及他们现在的发展状况，同时我搜寻了社会学和社会工作的专家学者们对社会学和社会工作的发展情况分析，以及这两个专业现阶段和将来在深入研究和实际工作的特点，为他提供参考资料，让他对社会学类专业毕业生的职业有了较为明确的认识。鼓励他自己多和本专业的毕业的师兄师姐们联系，多参加老师的项目，多登陆社会学相关的论坛网站，获取专业就业信息。

3. 协助他做好职业生涯规划

在工作中，我发现他属于较为优秀的学生，接受能力较强也极为上进。那么面向新生的单纯适应性教育无法满足他的需求，可以提前对其做职业生涯规划的辅导。我需要提示他，让他明白虽然社会学专业的发展方向较宽阔，但是机会总是留给有准备的人。第一，现在需要树立一个理想和奋斗目标。第二，需要拓展领域，专业要深入，更要扩展自己的知识面。第三，要培养自身的能力，如学习的能力和工作的能力。不应计较眼前得失，而要珍惜能够培养能力的实习机会。第四，要有一个积极的心态，培养团队意识等等。

（二）辅导方法

1. 以学生为中心

在辅导的过程中，我更多地从一个同专业的学长的角度上提供相关信息，而非帮其做出选择。在交谈的过程中，保持尊重和好奇感，通过对他的提问引导出他对事情的看法，通过耐心细致的倾听，以及对他表现的肯定，表示对他的尊重。

2. 使用专业工具

结合助理的工作要求和他的专业优势，我有意识地提前指导他使用社会学统计工具。以自身为例，向其提供社会学专业是如何应用于大学生思想政治教育工作中去的实例，供他借鉴与分析。

3. 借鉴发展辅导理念

在辅导的过程中，使用发展辅导的专业方法来建立其对自己职业生涯发展的认知。比如说让他做“生涯平衡轮”的练习以及列表式的自我能力和优势探索。通过跟他讲述各种管理学、人力资源学的经典案例，让他对大学生活和今后的发展建立一个整体的认知。

（三）辅导效果

通过辅导，该生加强了社会学类书籍的阅读，提高了对专业的兴趣。对工作实习的态度也有了改变，明确了以锻炼能力为目标的实习目标。同时，在我的鼓励下，他结合自己的想法和目标，主动地去联系学院的专业教师，以提高专业成绩、英语成绩和工作能力为目标，成功地申请了学校的杰出学子新生计划。

四、经验启示

1. 需坚持“以学生为本”的思想，平等地对待学生、关爱学生。营造良好的沟通氛围，使学生乐于接受辅导，积极交流，认真思考，主动规划自己的学习发展和职业生涯。

2. 需重视新生的专业思想教育。大学生的专业思想教育是学校的重点工作，是新生教育的重要内容，辅导应做好指引性工作，学会借力，借助学校、社会资源，引导学生积极利用资源和平台建立专业的认同，这对于学校学风建设和学生自身发展有重要的意义。

3. 需开展一对一有针对性的辅导。每一个学生都有其特点，要结合学生自身的特点开展辅导。事实证明，学习与工作积极努力的学生也会遇到专业认知的困惑，也要及时提供帮助与引导。有针对性的辅导可以有效地缓解和消除同学对于专业的疑虑，建立对今后发展的自信。

4. 需掌握职业生涯规划的理论和方法。学生工作是一项科学的工作，需要科学的理论与方法作为指导。熟悉与使用大学生职业生涯规划的理论与方法是辅导员顺利开展工作的前提条件。这不仅仅是为了学生能更顺利的就业，更是帮助学生自我认识、自我规划、全面综合地发展。

5. 需结合自身优势开展辅导。自身优势是长期接受教育、工作积累与主动学习的成果，是每一个辅导员创造性地开展工作的依靠。利用好自身优势能够突破现有资源和环境的局限，在辅导员的工作中更加高效、出彩。专业优势是其中重要的体现，此外还包括兴趣优势、性格优势、地缘优势等等。

专家点评：

该生的问题从表面看是新生的适应问题，但核心是发展问题，即是对个人今后的职业发展缺乏认知。辅导老师结合该生高中阶段和现在的学习状况，透过表面现象分析了学生困惑的真正原因，并通过自己所掌握的专业知识帮助学生正确认识专业，提前进入职业生涯规划阶段，从而使学生提高了对专业的兴趣，找到了努力的方向。职业生涯规划直接关系到学生的成长与未来职业的发展，更容易在思想和情感上引起学生的共鸣。辅导老师能够借助于职业生涯规划，紧密的结合学生的实际，更好地满足了学生的需求，有效的辅导了学生。

北京工业大学就业创业指导中心主任　刘赵森

毕业生就业焦虑情绪疏导

一、案例概述

四年级本科毕业生李某，在临近毕业前一个月，主动过来找我，询问学院是否有工作机会可以推荐。我首先对他主动过来寻求信息的做法表示赞赏，同时借此机会了解他找工作的进展情况。他说，他已多次参加招聘面试，应该不少于十次，都没有收到录用通知，很着急。在整个交谈过程中，他显得极度不自信，十分焦虑。在了解他的基本情况和想法的基础上，我运用职业生涯辅导理论和焦点解决问题的方法，聚集解决当下的就业问题，开展了三次有针对性的辅导，引导他正向思考问题，激发他的内在能量，寻求积极改变，以缓解该同学的焦虑情绪。同时，我运用正常化技术，让该同学从辅导员赞许的眼光中，找到自己的闪光点，树立自信，并在实践中，逐步面对现实，树立信心。该生毕业后不久就找到了适合自己的工作。

二、案例分析

这是一个典型的毕业生就业焦虑案例。焦虑心理是指由心理冲突或个人遭受挫折以及可能要遭受挫折而产生的一种紧张、恐惧的情绪状态。大学生的就业焦虑主要是一种状态焦虑，从心理学上说轻度的焦虑人皆有之事，是正常的心理反应。毕业生适当的焦虑可以使其产生压力和动力，促使其努力找工作，但过度的焦虑会对学生择业就业产生消极影响，它不仅会抑制我们的正常思维，而且使我们的注意力难以集中，记忆力明显减退，从而影响正常的学习和生活。

该同学在经历十余次不成功的求职过程后，自信心和自尊心受到强烈冲击，认为自己的外表、表达能力和专业能力都很欠缺是导致自己求职失败的主要原因。他的就业焦虑情绪严重影响了求职过程的进展，且已临近毕业，这就需要辅导员在较短时间内，聚集问题，立足当下，并利用学生自身的资源来创造性地寻求解决方案，帮助他缓解焦虑情绪，树立自信，顺利走向社会。

三、辅导过程

针对这一案例，辅导员通过三次高质量的面对面深度辅导，聚集就业问题，帮助学生树立自信，充分挖掘自身潜质，面对现实，积极反思。

第一次辅导：使用正常化技术，树立目标，舒缓自卑情绪

李某来我办公室，告诉我面试十余家单位都没有音讯，十分焦虑，自我评价较低。与我交流过程中，该同学经常低头，很少与我有目光交流。

首先我使用正常化技术，告诉他面试被拒是多数人会遇到的，应聘工作本身就是一个双向选择的过程，有时只是说明这份工作不一定适合自己。

其次，我问他希望能够达到什么样的目标？他说希望能够早些确定满意的工作，发展专业所长。我说达到目标的过程也很重要，其实你大学四年都在做就业的准备，你一直在努力，也收获了很多：取得较好的成绩，即将拿到毕业证和学位证，比刚入学时成熟、稳重了许多。这些都是你应该自信的基础。有这么好的基础，为实现目标，我们还需要再做一些努力。

接着，我问他有没有面试公司对你已有意向，但是你不太满意的情况？他想了想说，有一家公司，同意我先去实习，但这家公司给的工资太

低，第一年每月才 1500 元，没有宿舍，都无法生活。我说，这就说明你还没找到满意的工作，而不是说所有的公司都拒绝你，说明你还很有竞争实力，只是需要等待更好的机会。在这个过程中，你可以总结面试过程的经验教训，在就业定位、简历制作、着装、面试笔试的基本内容等方面多做些准备。做好应聘准备的同时，首先要树立自信，现已有单位答应给你提供就业机会，这已经说明你是有价值的，你完全有理由自信。

最后我还问他，如果近期就有一家心仪的公司给你 offer，你会是什么反应？他说那当然是欣喜若狂了。我说，你想象一下，会是在什么情况下，能让奇迹很快发生呢？他说或许就是运气比较好的情况下才能发生奇迹。我说，运气一定会眷顾有准备的人，加油！

临走时，我还问他宿舍同学们的情况，他说，有的早就定了，有的还没着落，有的打算出国。我问他，你们经常讨论学习、生活、包括找工作这些事吗？他说经常聊。我说：那你们关系还不错，他说是的。我说，那你更应该自信了，那么多同学支持你，说明你有很多让他人欣赏的地方。另一方面也说明你的人际关系不错，这些都是你的闪光点。

临走时，我给李某布置了一项作业：用两天时间，静心思考，详细列出自己的优点和不足之处，并自我分析。

第二次辅导：分析作业，引导其积极反思

李某认真完成了作业，向我罗列出自己的优点和缺点，优点包括：做事认真，能持之以恒，有耐心，守信。缺点包括：语言表达能力差，不够灵活应变，缺乏自信心。我说，每个人天生富于创造性，自力更生，自我完善，你也一样，我们都在不断成长，自我完善，每个人都是这一过程的主导者，别人只是你的辅助者。

其次我询问他最近面试情况，他说还是没有收获。我说，有没有一些改变。他说，有公司通知我两轮面试了，最后还是没有音讯。有一家公司通知我可以去工作，但我还是觉得不满意，还想找找。我说，你这段时间还是有进步的，不是没有消息，而是你有自己的选择，这应该让你自信起来。

接着，我说，如果以 1 到 10 分来计算，1 分表示一点改变也没有，10 分表示已达到目标，你觉得你现在的改变是几分？他想了想，说是 4 分。我说好，至少有一点点改变了，小的改变会带动大的改变的。

我说，和上次相比，你对找工作的问题有了更清楚的认识，这就是一大进步。过几天就是毕业典礼了，调整好心态，迎接这个具有重要意义的时刻。继续努力，机会一定会垂青有准备的头脑，你已做好了四年的准备，没有问题，现在还有一个心态的调整，没有最好，只有更适合自己的，是否适合，还要在实践中摸索，先就业再择业，也是一个成长过程。他点头表示认可。

第三次辅导：肯定进步，积极鼓励

李某到我办公室，告诉我他准备先到一家小公司上班，尽管工资不高，但可用上专业知识，积累专业能力，以后再谋发展。我对他做出的决定表示赞赏。我说，步入社会，选择将是重要的人生答卷，答案不是唯一，需要自己做出取舍，这样你会一步步走向成熟。同时，我鼓励他在工作中多思考，向有工作经验的同事虚心请教，不断提高业务水平和工作能力。

四、经验启示

对于找工作过程中遇到挫折，导致自信心缺乏的毕业生情绪焦虑案例，适宜采用焦点解决问题的办法。案例中该同学即将面临毕业，需要尽快解决就业问题，我就在一个月时间内，通过目标确立，布置作业，积极反馈等步骤，引导该同学正向思考问题，缓解焦虑情绪，解决就业问题。作为辅导员，在辅导过程中，首先要以赞美的眼光来看待他，让他找到自己的闪光点，树立自信。同时，也要让同学明白，改变自己的主角还是内在的自我，别人只是一个辅助者，以此调动同学的主观能动性，最终由自己来解决问题。

专家点评：

就业是大学生人生中的一次重要选择，是大学生走向社会的第一步，也是全社会共同关注的热点。当今社会日益严峻的就业形势加重了大学毕业生的就业心理压力，大学生就业心理问题日益凸显出来，主要表现为焦虑烦躁、自怨自艾、盲目从众心理等。这是一个典型的毕业生就业焦虑案例。该同学在经历十余次不成功的求职过程后，自信心和自尊心受到强烈冲击，他的就业焦虑情绪严重影响了求职过程的进展。辅导员能够在较短时间内，有效分析学生就业心理压力产生的原因，运用专业的指导理论和干预方法有针对性地引导该同学正向思考问题，缓解焦虑情绪，并利用学生自身的资源来创造性地寻求解决方案，解决就业问题。这是一个成功的指导案例，可以以此为契机，找到解决此类问题的有效方法。

北京工业大学就业创业指导中心主任　刘赵淼

我与焦虑症学生 C 相处的两年时光

一、案例概述

学生 C 是我们 1 班学生，我调入这个专业当辅导员以来，C 一直担任班长工作，认真负责，我交代的任务总是能按时完成，平时学习也还可以，没有出现问题。直到大二，他专业课听不懂，不爱学，总是旷课，期末考试旷考，多门课程考试未通过。C 成为试读的学生。这一年 C 的身体也发生了变化，体重明显增加。我曾多次找到 C 谈话，他说话也显得比较急躁，不耐烦，语速快，表达不清。C 说不喜欢自己学的这个专业，厌学，他袒露当时也不知道为什么报的这个专业。平时沉迷于美剧，电影。C 目前一直在服用精神类药物，副作用很大，导致身体发胖，我也很是心痛。他的父母也曾多次找我，我们聊了很多 C 的情况。家长反映 C 在家里的表现情况，平时爱发脾气，不敢语气重地和孩子说话，稍微有一点不合意就会暴跳如雷，自己一个人关在屋子里。

二、案例分析

C 的表现是典型的心理问题，表现如下：

C 的抗压力比较差、学生面对学业压力表现的焦虑，没有很好的排解方法。

C 选择专业盲目。网络管理系统专业不是 C 学生喜欢的专业，填报志愿盲目。

C的家庭教育问题，过于看重学生学业、分数。面对学生的心理问题，家长更重视的是孩子学习情况，忽视学生的身心健康。

C的意志力薄弱，在学习上存在畏难情绪，忍受不了长期枯燥乏味的专业学习。

鉴于以上表现，我决定循序渐进对C进行心理辅导。

三、辅导过程

我知道C患上焦虑症后，第一时间上报了学工办和系里，同时让C去心理咨询室咨询，效果不是很理想，C在咨询室也表现得比较急躁，测试没有进行就离开了。我找到C，询问去咨询的情况，他很不耐烦，表示在心理咨询室太闷了，心慌，问的这些问题都是废话，还要玩什么纸牌，一点兴趣都没有。我没有太多的解释心理咨询，只是跟他唠唠家常。之后几个月里，我和他进行了多次谈话。我首先避开学习这些问题和他聊他喜欢的美剧，我们都看过《越狱》《血族》。我发现聊起美剧他总是滔滔不绝，很爱跟我聊。通过这个爱好，我们找到了共同的语言，聊得比较顺畅。我还让他给我推荐一些好看的美剧，拉近彼此的距离。当C情绪变得舒缓后，我开始小心翼翼询问他关于大学的计划和展望。在谈话中，他袒露自己不喜欢自己学习这个专业，学不进去，学不明白。他想重新学习其他的专业，他比较喜欢电影制作，想出国。他不避讳自己有焦虑症这个心理疾病，焦虑症大概是中考的时候患上的，高中时进行过治疗，没有像现在这样严重。今年的春季，病情开始反复。尤其是上专业课时，心跳就会加速，脑袋像快进电影一样，喘不过来气。针对这种情况，我和他的父母联系，发现家长有点过于注重孩子得学习成绩，时不时会在家里教育孩子要努力学习，不能把专业课落下。而我表达的意思是，学习虽然重要，但是孩子的心理问题更重要，尽量少谈及孩子考的分数，要多鼓励孩子，给予更多的是关心和爱，不给孩子施加太多压力。

之后的几个月里，C 有旷课和厌学的情况，我没有严厉批评 C，只是一语带过不能旷课。告诉他最好是把这个学位拿下来，之后再学你喜欢的其他专业知识。班长工作也先交给其他同学代理。我让同宿舍的一位同学帮我关注他，有问题及时通知我。经过服药和医院的咨询，C 的病情也有一定的好转，感觉他情绪也比较稳定。有一次 C 说自己在麦当劳打工发工资了，要请我吃饭，感谢我对他这段时间的照顾。我欣然答应。我们去饭馆吃了饭，学生对我产生了一种信任，我开始帮助他梳理大学期间挂科的课程，让他不要有压力，这些课程一科一科都能过，不会的问题多去找老师答疑。

进入到大三，C 与我也成了比较信赖的朋友。我改变策略，决定给其“减压”。我帮他制定了一个毕业的中长期学习计划，帮助他减轻了本学期的专业课压力。我建议他先重修大二的部分课程，把基础重新巩固。同时，我也安排了其他班委，党员组成的小组对其进行长期的帮扶，内容涵盖了专业课，实验课。同时让他们对 C 的心理问题进行保密，多多给予关心，集体活动尽量都带着他。

大三这一年 C 需要补习的课程也很多，但是都在有序地通过。到了 5 月份，C 还有 3 科课程没有通过，系里组织一次摸底调查同时进行补考。我找到 C 督促他多去找任课老师复习，同时跟系里说明 C 的心理病情，希望任课老师能够耐心帮助。最后 C 学生按时完成了学业，顺利毕业。毕业后 C 回来找我，告诉我说，他想出国学习他感兴趣的电影制作专业，我鼓励他大胆去尝试。

四、经验启示

要与家长保持联系畅通，沟通学生情况，共同做好学生工作。一般情况下，我平均每两周与他父亲通话一次，每次会保持在半个小时以上。要求家长在学习和身心健康两方面问题上，应该更多关心孩子的身心健康问题。而他的一点小小进步我也会在第一时间告知他的家人。

不定期的与学生谈心，从多方面拉近学生和老师的距离，让学生感受到老师的关心、关注。

发动学生干部、党员多关注、帮扶心理、学业困难学生，鼓励他们尽快融入集体。

专家点评：

近年来，我国高校学生因心理疾病、精神障碍等原因而产生学业困难导致休学、退学乃至不惜伤害自己和他人的事情时有发生且大有加剧之势，因而针对学生开展心理健康教育很有必要。这对高校辅导员开展学生辅导工作提出新的要求，辅导员需要对照《高等学校辅导员职业能力标准(暂行)》，主动提升专业素养和职业能力，做到能协助心理健康教育机构完成心理筛查的组织实施、能了解大学生的心理特点，熟悉大学生常见的发展性心理问题，掌握倾听、共情、尊重等沟通技能，能够与大学生建立积极有效的师生关系，帮助学生调适一般的心理困扰。在案例中，辅导员及时了解到学生的心理疾患，及时与学生本人及家长进行有效沟通，与学生本人和家长建立了信任关系，及时化解学生的心理困惑，并有计划的帮助学生循序渐进解决学业困难，增强学生面对问题的信心，成功干预了学生因心理问题而引发的学业危机，对学生状态的好转起到积极的促进作用。

北京工业大学学生工作部部长　王文杰

认知行为疗法在易焦虑学生心理辅导的应用

一、案例概述

学生A（简称），女，目前大二在读，成绩在班内中等偏下，性格较为内向，体型偏瘦，人整体看起来没精神、很疲惫。见到人很少主动打招呼，喜欢独处，没自信，认知比较负面。同宿舍的同学跟我反映，她情绪波动比较大，易低落，影响整个宿舍的氛围。

发现她存在的问题起因是因为对她进行深度辅导时我发现她笑容很不自然，在对话中眼神一直躲闪，很少抬头直视我的眼睛，说话时候没有自信，有一点惧怕老师。在不断安抚和沟通中，她描述了她有以下几个问题：1. 认知较为负。她从小害怕老师，认为只要是老师主动找她谈话一般都是自己出了什么问题，在这次我通知她找我到她来到我办公室期间，一直都处于惴惴不安的状态，上课时甚至无法集中精神听讲。2. 容易胡思乱想，并无法控制自己，心情易低落，如果和身边的人出现了一点点小摩擦都会失落几天，总是认为自己出了问题。3. 自我评价较低，没有自信，害怕被人注视并且有时候会回避社交。4. 压力大时会影响睡眠和饮食（但大部分时间饮食较好）。比如和男友发生矛盾、每次考试之前都会失眠。5. 睡眠长期较差，有声音易惊醒并难以再入睡，有时候想太多也无法入睡。

二、案例分析

（一）学生 A 存在的问题

1. 社交焦虑（社交恐惧）。A 同学害怕被人注视或评价，认为别人能够看出她不自然的表情或者窘态，对于自己的评价是否定的或者蔑视的，并且出现回避行为。人际交往不良，影响人际交往的质量，经常害怕或者回避社交，除了正常的上课，自习，与宿舍的同学相处以外，很少进行其他社交活动，没有参加过任何社团等其他学校或者社会组织。性格比较孤僻，不习惯与外人进行多接触，虽然在宿舍中人际关系融洽，也能融入宿舍，但是更习惯一个人独处。

2. 认知负面且绝对化。负面情绪过重，自我评价较低，总把事情往坏的方面去想，一件很小的事情经常要思考很久，严重时影响睡眠和饮食，容易紧张。

3. 身体素质较差，个人身材瘦弱，且从不运动，易生病，整体看起来没精神。

（二）解决方案

这位学生的问题很明显是由认知所引起的，可以用认知行为疗法对学生进行辅导教育，并对她进行持续的正向关注。

三、辅导过程

1. 建立良好沟通氛围，消除学生的恐惧感

为了建立良好的沟通氛围并能够有效帮助他，我先是对她进行肯定和鼓励，拉近师生关系，从学习上和生活上关心她，并且讲明我找她来的目的不是要批评或者她做错了事情，而只是师生间的沟通，询问她是否有任何问题，抱着服务的目的来关心她，希望她能够信任我。

2. 通过认知行为疗法的理念帮助其消除负面情绪

认知行为疗法主要是以 BECK 的观点作为基础，强调改变认知来消除

负面情绪，其基本观点认为认知是行为和情感的基础，适应不良的行为和情感与适应不良的认知有关，认知行为治疗的目的是要改变个体关于自身错误的思维方式和观念，并教给个体适应环境的技能，从而克服不良情绪体验和行为。

以下为对学生进行辅导的主要过程

（1）确认问题、取得学生积极合作。我先是总结学生问题，当得到学生对自己的问题认可后，我提出用认知行为疗法能帮助其缓解焦虑感，告诉A同学此方法的合理性以及易操作性，取得学生积极配合的态度，为开展咨询做好前提铺垫。

（2）让学生了解认知模型。简单介绍认知行为疗法的科学依据，告诉他情境和事件本身并不能带来情绪，而是自己的认知带动的自己的思维，如下图：

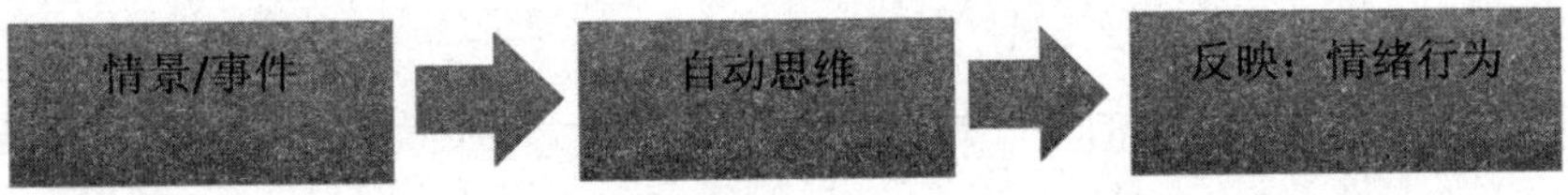

然后详细讲解了只有个人对生活事件的理解和解释（自动思维）才能影响自己的状态、情绪，并产生相应的行为反应，个人不正常的行为实际上是由于错误的认知评价引起的，并不是由事件本身，因此通过学习改变一个人不合理的认知评价，可以改变一个人的态度、情绪，并消除不正常的行为。

（3）问题讨论。对于她存在的问题，找出两个她较为关心以及对她影响最大的事件进行讨论。在沟通中，我们讨论了她和其他同学的关系不融洽问题以及恐惧老师的问题，并进行详细解释她观念的不合理性。比如她害怕老师的问题，情境：自己被老师找。自动思维：老师找我肯定是因为我做错了事，要批评我。结果：产生焦虑，导致上课不够专心，内心有恐惧感，害怕受到批评。

（4）讲解思维改变记录表《5栏表》，并带着她就之前的两个讨论问题进行五栏表的填写，如下表：

思维改变记录表《5栏表》

记录时间			第　周		
情境	自动思维	情绪及其强度	合理的反映	结果	
a导致不悦情绪的真实事件，或b导致不悦清血的思考，或c不愉快的身体感觉	a写下情绪之前的自动化思考；b为自动化思考的相信程度评分，0－100%	a标明悲伤、焦虑、愤怒等；b为情绪的程度评分	a辨识认知谬误；b写下自动化思考的合理反映；c为合理反映的相信程度评分，从0%到100%	a标示和评量接下来的情绪，从0到100%；b描述行为改变	
辅导员找我，这让我非常紧张，很恐惧老师，一直在想找我的各种可能性，坐立难安	辅导员突然找我肯定是因为我做错了什么事情，要批评我70%	焦虑60%	老师找我只是要了解我关心我并不是要批评我100%	心情愉悦度60%，以后见到老师也不用再躲着走了，并能够主动打招呼	举例

在讲解五栏表过程中，强调学生需要聚焦当下的使她痛苦的情境，只针对这一个问题，不要衍生到其他问题上，让她立即行动起来，不要逃避焦虑。告诉她，对于她当下面对的痛苦情绪，期初能做的只有接受，并且一定要去坚持做该做的事情，记录五栏表，帮助她了解并立即解决当下的问题。对于她偶尔绝对化的思维，告诉她尽量减少绝对化，要重视过程，不要把结果当成衡量是否成功的唯一标准，战胜完美主义，做任何事情尽力就好，遇到事情，一定要把“我必须”换成“我尽量”、“我尽力”，不要总是给自己增加压力。

（5）帮助其制定目标，并留家庭作业。在她了解了五栏表之后，我又带她识别了几个她之前的不合理信念，让她更深刻了解五栏表的用途，并且制定计划，每天至少填一个五栏表，一个星期进行一次总结，并强调认识自己的不合理信念，并提醒自己在下次遇到类似问题时，应该合理应对。

（6）鼓励她在其他方面做出改变。在沟通过程中她告诉我她特别讨厌运动，觉得非常辛苦。我又举例给他讲解了一些运动的好处，并拿自己举例，告诉她运动给自己带来的改变，并且运动能让身体产生多巴胺，其实更是一种使自己心情愉悦的过程。对于她的睡眠问题，我也帮他设定了更加具体的目标，比如床以后只能用于睡觉，不能在床上玩手机，看书等等，每天不管困不困10：30要上床，并且推荐她下载促进睡眠的轻音乐，并每天打卡。再有就是饮食问题，从以前的想吃就吃，不想吃就饿着的习惯改为定时定点吃饭，并且一定要注意饮食搭配。

3. 不断鼓励，持续关注和反馈调查

在经过不断地鼓励追踪，我看到的她的改变：一是见到我主动并热情地打招呼。有一次我买了水果正好在路上碰到了她们整个宿舍的一起去自习室，以往的情况是她一定躲在人群后面，而这次却主动对我打招呼，并且在我提出跟他们分享水果后，她们宿舍大部分学生不好意思拿，而她非常自然地接受了，这点说明她已经完全消除了对我的恐惧，并且能够接纳我，认可我对她的帮助。二是她的整体精神比以前好很多，气色上有所改善。三就是她的自我反馈，认为认知行为疗法对她确实产生了作用，她已经能够基本上成为自己的治疗师，每次遇到问题都能够理性的去分析去解决，而不是像以往一样胡思乱想。

四、经验启示

经过此次辅导，我总结出经验。在面对类似于学生A情况（易焦虑学生）时应注意以下几点：首先，与学生建立良好的沟通氛围，使学生产生信任感。其次，帮助学生改变认知，让其成为自己的治疗师。最后要持续关注，不断鼓励学生。

参考文献：

认知疗法基础与应用《第二版》Judith S Beck

专家点评：

案例中辅导员对学生在深度辅导中呈现出的问题行为进行敏锐捕捉，找到学生行为问题较深层次的根源，然后采取认知行为疗法进行心理辅导，做到了对症下药。认知行为治疗由A·T. Beck在60年代发展出的一种有结构、短程、认知取向的心理治疗方法，主要针对抑郁症、焦虑症等心理疾病和不合理认知导致的心理问题。它的主要着眼点，放在患者不合理的认知问题上，通过改变患者对己、对人或对事的看法与态度来改变心理问题。案例中辅导员带领学生分析讨论其不合理的认知，了解其自动思维过程，并找出替代思维。应用这一疗法需要注重一个问题，即认知行为治疗需要在行动中识别不合理认知，在行动中替代不合理认知，在行动中改变核心信念，所以行动很重要。不合理的认知是经年累月形成的，要改变它们也需要不断地实践再实践。所以认知行为治疗不是单纯的改变认知，而是在行动中体会和修正认知。案例中辅导员给学生布置家庭作业，家庭作业要求每天做，通过行动和持续关注，使学生有效的摆脱焦虑，重拾信心。

北京工业大学学生工作部部长　王文杰

他为什么总是编织成功的故事？

一、案例概述

计算机本科男生小明19岁，自幼和弟弟一起在姥姥家长大，姥姥是一所小学领导，姥爷是一名翻译官，做事很严谨。姥姥和姥爷对他和弟弟要求很严格，经常举成功人士的例子来教育他们，如谁谁家的孩子考上北大、清华了，也希望他们能上北大、清华。小明很敬重姥姥、姥爷，学习一直很努力，中考没考好，进了一所普通高中，又进了一个普通班，只知道拼命学习，成绩一直名列班级前茅。高考志愿没报好，考进了目前的学校，高考成绩排年级第三名，本来可以上一所更好的大学。小明自从进入大学以后心理落差很大，看不起周围的同学，不愿与他们交往，讨厌目前学校，不愿在学校里呆，但是一想到只要学习好，一年后可以转到校本部，就勉强在学校待下去。他的学校生活全围绕学习，常常一个人独处。入学心理测试SCL－90各项因子分呈现阳性症状，入学一周后发现很难集中注意力，上课时，发现脑子不是一片空白，就是编织各种故事，故事内容总是围绕自己如何成功，如何转到校本部，如何考研、出国，停不下来。为此，很痛苦，不能自拔。

二、案例分析

1. 家庭原因分析

小明自幼和姥姥一起生活，姥姥、姥爷的成功经历时刻鼓舞小明努力学习，他们对小明的期待、教育和严格要求，促使小明不断拼搏，认为只有学习好，才能成功，才能完成姥姥的愿望。因此，小明一直在学习上下功夫。

2. 小明个人状况分析

小明自己总是在不断地努力学习，对姥姥、姥爷很敬重，希望自己成力姥姥所期望的人，对自己严格要求，努力学习渴望成功，追求卓越。不断地在脑海中编织如何成功的故事，即便做得很好了，也不满足。

3. 小明生活经历分析

小明一直很努力，学习成绩还可以，可是中考没考好对他来说是一次挫折，但他不愿认输，仍然努力学习。看不起周边的同学，认为只要学习好，一切都会改变，和同学来往少，不善于人际交往。高考志愿没报好，对小明来说是第二次挫折，所以一进入大学他就出现了心理落差，他认为自己应该是一个优秀的人，应该成为姥姥所期望的人。两次人生重要的转折，都让小明很失望，所以他总担心自己会失败。但他心中希望仍在，那就是可以转到校本部。小明这种渴望成功的强烈心理反而成为他学习的困扰，对结果的过度渴望导致过度的焦虑。

鉴于以上分析，可以看出小明在人际交往方面存在障碍，对成功过度渴望导致心理失衡，学业出现危机。针对这几个主要问题，应该帮助小明在认识自己核心问题的基础上，转换思维方式，缓解焦虑情绪，进行正常的学习和生活。

三、辅导过程

（一）辅导过程——传递心灵鸡汤

对小明进行了12次系列定期的心理辅导，主要辅导过程如下：

1. 帮助小明发现其心理问题的症结所在

分析小明的成长经历，让他认识到姥姥、姥爷的教育对他的影响，以及他个人渴望成功的强烈动机；两次人生重要考试失利是在重要的人生转折关头给他的打击。担心失败，渴望成功的强烈愿望，追求完美和卓越的人格特点造成他强迫性思维，总是反复想成功的事。

2. 淡化结果，注重过程的认知辅导

帮助小明改变长期以来的错误信念，即只有学习好才能改变一切，告诉他只要尽力了，结果怎样并不重要，要注重过程，淡化结果。这样就可以减弱他编织成功故事的情形。学习固然重要，但不是成功的唯一方式，成功有很多种途径。大学生和中学生不一样，除了学习之外还有很多别的事情，如参加各种活动，要学会与人交往等。

3. 针对小明的症状教他调整的方法

帮助小明克服强迫性思维和焦虑的情绪困扰，教他克服的方法，如他上课走神时，可拿橡皮筋弹自己手腕，把老师讲的内容和说的话都记到本子上，不管老师说什么都要记，然后看一节课下来，自己都记了些什么？把自己纺织的故事写下来，教他学习内观，也就是观察自己呼吸，进行放松训练，可以缓解焦虑。要多做运动。

（二）辅导效果

经过近一年的心理辅导，小明的状况大为改变，能正常坚持学习生活，和同学也有所来往。下学期将转到校本部学习，现在焦虑情绪减轻了，并能泰然处之，脑海编故事明显减弱了。

四、经验启示

通过对小明心理辅导的启示：其心理状况主要和他姥姥教育有关。在给小明做心理辅导时，我一直在和其姥姥沟通，淡化小明对结果的追求和渴望，让小明一直做放松训练。在给小明做心理辅导时，也劝说小明到医院检查，同时服一些药物。通过药物治疗加心理辅导的方式，效果很好。

专家点评：

本案例中辅导员根据学生入学心理测试量表 SCL－90 各项因子分数以及学生入学后表现等分析，相对准确把握住受辅导学生的心理问题，对测试量表结果进行正确解读和反馈，并制定切实有效的辅导策略，与受辅导学生建立良好的信任关系，有效开展心理疏导工作，帮助学生调节情绪，帮助受辅导学生正确认识自己，接纳自己，进而欣赏自己，并克服成长中的障碍，改变自己的不良意识和倾向，并采取实际行动，做放松训练，有效应对焦虑症状和强迫性思维带来的压力和困扰。

北京工业大学学生工作部部长　王文杰

特困生同样能拥有自信

一、案例概述

晓晓同学为外语学院 11 级本科生，二志愿考生，学号为 01，入学成绩排在全班第一，但本专业并不是她的兴趣爱好，也不擅长学习本专业，导致了学习成绩不如从前，失去了以往的学习信心，加上由于家庭贫困，除了学习专业知识以外，没有额外学习其他方面技能的支出，在计算机、体育、音乐等方面均不如班级其他同学，导致其产生了极大的不适应。该生为家庭经济困难学生，母亲残疾，家庭收入以父亲务农为主，然而父亲身体状况不佳，使得仅有的家庭收入难以支撑她的学习支出。

二、案例分析

针对晓晓同学出现的一系列问题，我首先了解该生的家庭情况。该生家庭困难，且父母的身体状况又不允许他们进行高强度的劳动，孩子出于对父母的感恩和爱，产生依靠自己解决家庭负担的想法，同时由于生活背景，其性格相对独立，不希望接受他人帮助，认为作为成年人，应该靠自己的力量解决自己的困难，上大学的目的就是要解决家庭困难的，也相信通过大学的学习和锻炼可以实现这个意愿。由于晓晓对“特困生”存在不合理的理解，认为“特困生”一定在某些方面低人一等，因此不愿意享受任何特困生的补助，希望能自力更生。可是以目前的能力，单单依靠自己的努力无法改变生活的现状，产生了更加自卑的心理。

晓晓因家庭贫困而产生自卑心理，进而影响了人际关系。她存在的问题是：(1) 性格内向，不合群，不善于与人沟通；(2) 思想比较消极，不仅在学业方面，还表现在同学间相处方面，觉得自己没有朋友，也不相信别人，希望与别人交往，却又害怕交往后受伤害；(3) 希望自己能独立自主，不愿意接受他人的帮助，不愿意因为是特困生而被特殊对待，被他人歧视；(4) 敏感，容易激动，防备心理较重。

三、辅导过程

(一) 辅导过程

1. 通过现身说法，拉近与学生距离

在了解到晓晓的情况之后，我约晓晓进行了谈话。谈话过程中，我一直用开放的姿态面对该生。一方面，认真地听她介绍自己的情况，注意倾听的技巧，适时给予鼓励，鼓励该生主动向我咨询自己想知道或想了解的问题；另一方面，让她了解到，她所遇到的学业问题、人际问题，其实是每个大学生都需要经历的非常正常的一个事情，从而减轻该生的自卑心理。在这个过程中，晓晓放下了对我的抗拒心理，话语逐渐增多，开始愿意与我交流。

2. 宣传国家资助政策，使学生正确理解“特困生”

接下来，我向晓晓解释了国家的资助政策。首先，国家制定面向家庭困难学生的资助政策，并不是把家庭贫困学生当作特殊群体来看待，政策制定的初衷是尽力帮助那些需要帮助的学生，减轻家里的负担，同时也减轻特困生自身打工的负担，让他们能有更多的时间放在专业课的学习以及社会实践上。其次，我告诉她，作为特困生接受资助并不是一种无能的表现，减轻她心理上的负担。在解释政策的同时，也赞同她的观点，作为大学生，作为成年人，独立是对自己对家庭负责任的表现，是值得提倡的。

3. 多渠道、多途径提供信息，支持和帮助她面对困难

对于专业学习不感兴趣的问题，我结合自身情况以及多年带班经验，告诉晓晓要正确认识专业知识和未来求职之间的关系。并鼓励晓晓利用现有环境，扩充自己的知识面。例如可以利用课余时间去图书馆自学或者旁听其他专业的课程，从而学习自己感兴趣并且擅长的知识。晓晓表示她很喜欢文学，会自己写小说，并愿意自学提高自己的写作水平，认真记录自己的生活。

我还向她提供了一些兼职信息，建议晓晓可以参与家教活动，一方面赚取一定的生活费，减轻家庭负担，另一方面也能提高专业水平和能力，对专业学习有帮助。

4. 发挥宿舍同学作用，助力学生尽快成长

在逐渐熟悉并了解后，我了解到晓晓同学性格内向的原因：由于她在中学阶段曾经被朋友伤害过，所以对于友谊持怀疑态度，本学期一开学便与宿舍同学发生争执，并把争执的起因完全怪罪在对方身上，希望退宿或者换宿舍。我积极与她沟通，体会她此时此刻的心情，并客观转述她的感觉。她在感觉到被理解之后，显得没有那么难过了。接下来我从客观的角度，逐步帮她回忆入学以来宿舍同学给予她的关心和帮助，同时让她回想自己有没有给宿舍同学以帮助和支持。在我的指导下，晓晓尽量客观地回忆和描述她和舍友之间的事情，也认识到大家曾在她需要时无私地帮助，而以前的矛盾只是一些小摩擦，不能因为小摩擦而否定大家对她的关爱；此外，自己也有任性的时候，也有做得不好的时候，而这些时候，宿舍同学大多给予了谅解和忍让。面对当前的摩擦，自己也应该多谅解多体谅对方。晓晓同学逐渐意识到，自己对于新同学的认识过于片面，现在能够更加客观地看待同学间的友谊。

在做通了晓晓的工作之后，我从侧面鼓励同宿舍同学积极主动与她交流，逐渐调动她的积极性，锻炼她与别人沟通的能力。并根据她的性格特点和做事认真负责的态度，与班主任进行沟通，安排她担任班级生活委员

一职，进一步锻炼她的沟通交往能力。此后，与班主任长期沟通，随时了解她的情况，在取得进步时给予鼓励。在辅导结束后，与其家长保持联系，及时了解家庭情况，从而能随时掌握其心理动态。

（二）辅导效果

通过与她本人沟通，和学生之间的沟通交流，该生慢慢学会客观地看待问题，愿意与他人友善交往，在某些时候能够主动表达，结交了几个好朋友，愿意跟朋友谈心，找到了情绪合理排解的方式。目前该生情况较好，学习成绩也不断回升。

四、经验启示

特困生由于家庭经济的特殊情况而产生敏感或自卑心理是比较常见的，需要辅导员或班主任给予特别的注意和关心，在与特困生的沟通中，有以下几个环节需要注意：

1. 充分了解情况，提前预判。在沟通之前，要对沟通对象有所了解，提前预判对方的反馈，了解特困生的家庭、生活、学习情况及性格特点后，才能针对特殊情况做出有效沟通的决策，以免让学生产生距离感或抗拒心理。使学生感受到理解，能增加沟通的有效性。

2. 有效沟通，积极反馈。和内心比较敏感的学生沟通，一定要注意沟通的方式、方法。尽量使用开放的身体姿势，语气上尽量平和，少使用否定的语言，多使用鼓励的语言；但是对于表达的内容必须准确客观，不能产生误解或者重要信息的遗漏。

3. 注意辅导的长期性。对于特困生群体的辅导并不是一劳永逸的事情，每个人的特点和家庭情况不同会使得每个案例都具有特殊性。针对具体问题，需要有不同的辅导方案，并随时跟踪辅导对象的变化，如有需要，应进行多次辅导。此外，需注意为特困生创造解决问题的环境，即根据各人的特殊性和不同的需求，为特困生安排不同的活动和工作，使其融入到集体中去，逐渐消除敏感、不信任、自卑等心理，使他们在艰难的生活中过得开心、自信、积极、向上，帮他们燃起生活的希望。

专家点评：

特困家庭学生是我国高等教育体制改革以来，大学校园里出现的一个特殊群体，是特别需要关爱又易于自我封闭的群体。作为知识分子群体的大学生们，一旦“贫困”二字压在他们上，长期的经济拮据给他们造成的巨大精神压力，以及由此而产生的心理问题如：自卑感强、性格孤僻、感情脆弱、群体意识差等严重地影响着他们的健康成长。在深度辅导工作中，辅导员在采取多种措施切实解决特困生生活困难的同时，应针对特困生的心理特点加强对他们的心理健康教育。在案例中，晓晓因家庭贫困而产生自卑心理，人际关系也深受影响。辅导员把握住学生的心理特点，采取切实有效的辅导策略，积极调试，解决学生的后顾之忧，帮助学生重新找回自信，积极重建和谐人际关系，寻求到了特困家庭学生心理调适的有效途径和方法。

北京工业大学学生工作部部长　王文杰

学会正确看待美

——女学生过渡减肥导致抑郁倾向案例分析

一、案例介绍

小美，19 岁，15 级新生，成绩优秀，家庭条件较为优越，唯一令她苦恼的便是身材问题。肥胖的身材令她缺乏自信，不敢交朋友，有心仪的男生更是望而却步，于是她下定决心要踏上减肥这条道路。小美开始节食减肥，并且熬夜。两个多月的时间从 150 斤瘦到了 90 多斤，虽然变瘦很多，但小美出现了食欲不佳、厌食的症状，变得对什么事情都提不起兴趣，面容十分憔悴，完全没有活力，看不到一点青年大学生充满朝气的模样，更可怕的是在此期间小美出现了严重的抑郁倾向，每天晚上睡不着觉，情绪低落，有时会因一些小事就哭泣，也无心学业，最后不得不休学回家调养。

二、案例分析

小美同学步入大学，生活环境产生了很大变化，接触的同学更多、社交活动更广，不像高考时只是自己闷头苦学，所以由于自身肥胖，小美自信心直线下降，不敢交朋友，看到身边的女性朋友有了心仪的男友，自己更是郁闷孤独，同学们纷纷参加社团活动，自己只能躲在宿舍不敢出门。小美决定节食减肥，她已然忘记自己是成绩优秀，性格原本开朗，家庭条件优越的学生，一心只想减肥。

由此看来小美对待肥胖问题有一定的偏差，减肥也没有正确的方法，或者说面对自己肥胖没有采取正确、积极的手段去应对，而是采取了消极甚至错误的方法面对自己的肥胖，也没有正确处理好由于身体肥胖带给自己的各种影响，忽视身体健康的重要性，一味追求减肥导致心理以及身体都受到了极大地伤害。强迫节食、过度锻炼不仅达不到预期目的，还可能造成其它损害，心理孤独感增加。小美同学本是学习成绩优秀，积极要求进步的学生，但小美个人认知存在偏差，认为只有外表上的美才是真正的美，完全忽视内在是小美盲目绝食减肥的重要原因。

减肥可以，但切勿过渡。小美同学对身体健康的认识很肤浅，也容易受到别人的影响，特别是如果因为胖受到同龄人的嘲笑时，行动更会走向极端。所以，辅导员要及时和家长们沟通，和学校心理咨询机构沟通，按照科学合理的方法进行减肥。毋庸置疑，大学阶段是其世界观、人生观形成的至关重要的时期，要帮助学生学会认识和应对各种压力，以培养学生适应环境和调控心理能力，在挫折中能学会自己调整心态，正确面对挫折，作为辅导员老师，要在日常生活中仔细观察学生可能会出现的问题，早发现问题，早进行疏导。

三、辅导过程

1. 彼此倾听，拉近距离

辅导员首先要真诚待人、尊重人。在与小美多次沟通交流的过程中，我多次对小美进行心理疏导，鼓励她进行情感宣泄，认真倾听她内心的痛苦。作为比小美只大六七岁的辅导员，我与小美分享了我初入大学时，由于脸部长满的青春痘以至于不敢抬头与人正常沟通，但是最终以正确的身体调节、心理调节方式克服青春痘带给我的自卑这样的事情。让小美知道，这些看似难以逾越的困难，是我们每个平凡的人都会面对，并且是可以战胜的。通过共情，了解小美的内心，拉近我与小美的距离，让她能够听到并且领悟到我的悉心教诲。同时，让小美不要忘记自己本是品学兼优的好学生，要放大自己的优点，甚至可以帮助学业有困难的同学，使小美感到自己是可以帮助同学，在班级发挥作用的一分子。对别人的缺点不讽刺，对别人优点不嫉妒、不贬低，要增强自信。要实事求是地看待自己和别人，既不自卑也不自负，要不断充实自我，开阔视野，丰富自己的内心世界是最重要的。

2. 同学舍友，发挥力量

作为辅导员，我多次与小美的舍友、同班同学进行沟通与交流，让她们在日常的学习生活中，不要孤立小美，彼此和睦相处，培养她们的责任感，关心爱护同学的意识，大胆任用学生干部和优秀学长，树立榜样，营造积极上进的氛围，善于发动学生干部以及普通学生共同参与思想工作。由于我是新生辅导员，与部分新生的信任感并未建立，他们对我也持有一种怀疑态度。在这种情况下，我发动了一些和小美、小美舍友关系较好的高年级学生干部和“哥们”去“打前站”，将我的一些想法侧面渗透给小美，也收到了不错的效果。发挥团队力量辅导学生，能有效地了解掌握问题学生的情况。

3. 科学引导，家庭关注

学生心理发展指导中心是规范科学的心理咨询机构，我建议并且多次带小美前往心理指导中心接受权威有效的心理咨询，同时我曾多次与小美母亲电话沟通，了解小美在家庭中的情况，以便更全面地对小美进行帮助。心理危机干预需要家长的密切配合。发生心理危机的学生，他们中的大多数人的社会支持系统存在问题，所以必须取得家长的密切配合，完善他们的社会支持系统。同时，心理危机关系到学生的生命健康，对于学生生命的保护，家长也负有不可推卸的责任，家长必须与学校密切配合，共同化解危机。

四、经验启示

小美因为肥胖、不合理的减肥方法导致抑郁倾向，首先要帮助学生树立正确的健康观，有了压力就要说，不要拿自己的身体出气。运用心理知识分析自己饮食行为的特征，纠正导致肥胖的行为，培养有利于减肥的饮食习惯。例如可以在食欲强的时候，想一想自己如果因为多食而使体形臃肿，易患心脏病、高血压等疾病，就会抑制食欲，达到节制饮食、减轻肥胖的目的。此外，为了摆脱食欲诱惑，也可以把注意力转移到其他具有吸引力的事件上去，伴有抑郁倾向应及时求助于心理咨询机构的指导。

对于障碍性心理问题，也就是心理疾病。一是“问题在疾病”。情况发生后，辅导员应该尽快安排学生到正规的专门医疗机构治疗，高校内部是解决不了问题的，辅导员更加没法解决这类问题。二是“关键在早知”。虽然辅导员没法解决障碍性心理问题，但是可以通过我们的信息渠道，第一时间发现障碍性心理问题学生，为后面的有效治疗提供了时间保证，不至于出现突发危机事件。三是“重点在统筹”。辅导员要整合各方的力量，一起来解决这类问题。比如，该案例发生后，辅导员把握不准，可以寻求学校心理咨询中心的力量来判断是否是心理疾病。然后，可以寻求专门的医疗机构给予治疗。这其中，出现比较多的情况是当事人或当事人家长不认同当事人有心理疾病，或不配合到医院治疗，所以需要更多的力量来帮助解决。

作为与学生接触最多、了解学生最多的辅导员的工作为其工作的重中之重。辅导员只有在学生工作中仔细分析每一个个案，用心去体贴、感化自己的学生，才能把高等院校的学生工作做好。用自己的爱心与耐心换来学生的认同。

专家点评：

本案例中学生小美因为减肥导致抑郁倾向，出现情绪障碍，最终导致休学的事件是近年来大学生中比较常见的心理问题。作为辅导员需要按照《高等学校辅导员职业能力标准（暂行）》的要求，不断提高职业化专业化水平，能够协助心理健康教育机构完成心理筛查的组织实施、能了解大学生的心理特点，熟悉大学生常见的发展性心理问题，掌握倾听、共情、尊重等沟通技能，能够与大学生建立积极有效的师生关系，帮助学生调适一般的心理困扰。在本案例中，辅导员基本能够做到对学生常见心理问题的识别和正确引导，早发现早干预，并完善学生的社会支持系统，有效地帮助学生正确看待和审视自身，防止了心理危机事件的发生。

北京工业大学学生工作部部长　王文杰

激发学习动机，定制学生个性化的学业发展路径

一、案例概述

小 A 为一名大二本科生。个人性格属于外向型，积极乐观、思维活跃；课上，愿意与老师互动，课下愿意与老师沟通；在班会和班级活动中，踊跃发言，通常发挥班级调和剂的作用。

高考录取排名在班里第 7 - 8 位，学习基础较好。但第一学年期末考试成绩很不理想，高等数学 I、线性代数、工程图学、高等数学 II、工程力学等几门课程都未能通过，学分一次通过率低于 50%，面临试读。该生平时比较贪玩，上课精力不集中，对学习不上心。该学生存在一定的偏科现象，对于数学、物理、力学等课程不太擅长，并存在一定的恐惧心理，英语成绩不错，大一第二学期就通过了大学英语四级统考。课程学习的平时成绩较好，能独立完成作业。

二、案例分析

该学生属于较为典型的“大学新生适应不良”，在适应大学学习生活的过程中，面对人生奋斗目标的不确定，大学学习方法的不适应等种种压力，学生不能很快进行自我调节，没有树立新的学习目标和形成个人规划，导致学习动机和学习目标不明确以及主动性差等问题，而这些都是造成第一学年学习成绩不理想的重要原因。尽管如此，该学生又具有较好的

学习基础，有较强的成就动机，且能够积极地迎接挑战。因此，辅导所需解决的主要问题是如何帮助该生尽快明确学习目标，提高学习成绩，重塑自信。

在对该学生制定解决方案时应考虑到该生的个人特质，帮助学生将成就动机内在化，将学习目的具体化，从而落实学业辅导的不同阶段策略，提供有针对性的学业指导，促进学生个性化发展。通过设置阶段性的学业任务和目标，形成典型性的诱因价值。如果能引导该生主动制定合理的阶段性目标，激发学习主动性和成就感，则能有效地推动学业发展。

三、辅导过程

通过系统分析这名学生所处的不同阶段和状态，结合个性化人才培养的目标，我对该学生近两年的学业辅导分为三个不同的阶段，并在各阶段和环节采取了针对性的学业辅导。

1. 第一阶段：学习补救阶段

工作重点是避免试读，力保课程不挂科。这一阶段的主要做法包括：

（1）帮助学生分析不同课程的特点，有计划地减少挂科科目

该学生出现大量挂科后非常着急，自信心也受到极大影响。我帮他进行了详细分析，讨论大学阶段在个人发展中的重大意义。一方面强调了目前问题的严重性和重要性，另一方面明确学习补考通过的成败机会参半，并确定了补考的直接目标是务必保证至少一门课程通过，并分析几门课程的特点，得出应对补考的策略。

（2）多管齐下，形成多方面的外部激励

我打算与家长沟通，反馈学生的学习情况，通过家长对他进行鞭策和激励。学生不太愿意由我出面通知家长，后来确定由他本人告诉家长，并跟我反馈。一方面维护学生本人的自尊心，另一方面也增强了他对我的信任。

（3）协助学生制定补考复习方案并具体实施

我帮助学生制定了假期补考学习计划和策略，联系任课教师答疑，安排同学辅导，重点攻克其中一门课程，顺利避免了试读，帮助学生重新建立自信。

（4）帮助学生制定重修方案

虽然避免了试读，但该学生的重修任务依旧艰巨。我根据学期课程安排以及个人基础，帮助他制定了重修课程方案，确定了逐个击破的策略，避免同一个学期重修课程过多而造成学业新的压力。

（5）开展多层次、有针对性的学业帮扶

在学校学业帮扶框架下，我为该生配备了班里同学、助理班主任和帮扶老师的“三级学业辅导体系”。在帮扶过程中，通过不同层次的辅导，实现该生学习过程的全程辅助。班里同学督促写作业，上自习和按时上课；助理班主任通过联系帮扶同学，及时检查阶段性的效果，提供良好学习建议；帮扶老师阶段性地关注，阶段性地反馈，并给予课业指导。

2. 第二阶段：学业提升阶段

工作重点是改善学习效果，提高成绩。这一阶段的主要做法包括：

（1）建立“学习型”微团队，予以重任

一方面，我在班里推行以宿舍为单位的学习带头人制度，将该名同学指定为所在宿舍的带头人。通过这种方式，督促该生以身作则，带领全宿舍同学在期末复习阶段开展集体复习。该名学生感受到自己所承担的责任，一定程度上增加了学习的时间。另一方面，召开“我的学期目标”主题班会，专门邀请包括他在内的部分同学分享自己的学期目标。通过个人制定明确目标，并在班会上分享的形式，激发该生的成就动机，并贯彻落实到自己的实际行动中。

（2）关注学生学业目标准备和达成的各个环节

我在学期初、期中考试、重修选课、期末考试结束、补考完成、重修考试结束以及部分重点科目考完等各个环节对该学生进行重点关注，主动问询，及时反馈。第一时间掌握该生在学业、成长环节的最新动态，提供针对性的辅导和帮助。该生因为感受到被关注，学习的主动性和积极性持续增强，也逐步形成在各个节点主动汇报个人学习进展的习惯，与我之间建立了良好的沟通。

3. 第三阶段：学业发展阶段

重点结合个人特长开展个人发展规划，促进专业能力培养。这一阶段的主要做法包括：

（1）以学科竞赛为契机，促进专业素质能力的培养

我指导的一组高年级交通科技大赛队伍中，刚好少一名同学，我联系他是否愿意参加，并提供了部分专业资料，他看完后很快表示愿意参加。在大赛的陈述答辩中，为了发挥他个人良好的演讲口才，我专门安排他作为答辩人介绍作品。他充分的准备，反复练习，并请同学们一起提意见，很好地完成了作品陈述。个人专业兴趣和专业能力在参赛过程中获得了良好的锻炼。

（2）结合个人优势，制定科学的发展目标

我了解到该学生在英语方面的优势，在考虑未来职业规划时，我有意地引导他充分发挥自己的优势和兴趣，协助他制定了学期目标和未来职业规划。经过几次沟通，他逐步明确了毕业后准备出国的目标，并主动搜集相关资料，并希望通过我了解国外大学在专业方面的特点和优势，我给予了及时的指导。

（3）鼓励学生参加暑期专业方向的社会实践

我为班里同学提供了暑假期间在老师团队或校外实习的机会，我也建议他开展假期与专业相关的社会实践。他了解到其他同学都在实习和开展社会实践后，主动要求家人帮忙找了一家单位，参加了一个月的专业实习。

4. 辅导效果

通过对该生持续性的引导、激励和针对性辅导，学生在个人学业、个

人成长与发展方面都取得了较为明显的效果。

（1）个人学业改善

在个人学业改善方面看，学业辅导的效果较为明显，学习成绩在几个学期稳扎稳打，逐步实现个人目标。第一学年的两个学期，一次学分通过率分别为44%和60%，年度加权平均分为62.22分，班里排名大概35名（全班38人）；第三学期，一次学分通过率达到100%，加权平均分提高到75.20分，班级排名提高到23名；第四学期，一次学分通过率维持在100%，加权平均分进一步提高到82.26分，班级排名进步到第18名，所有未通过课程均全部重修和补考通过。两年学分通过率为100%。

（2）个人成长与发展

在个人成长与发展方面，该生逐步明确了毕业后出国进一步深造的个人规划，并开始准备托福的考试；在专业课外实践方面，所参加的学校交通科技大赛中，他作为代表陈述的团队作品获得了大赛二等奖，将代表我校参加北京市的交通大赛的角逐。此外，该生的个人思想成熟度也有提高，同学们都反映该同学真的是“长大了”，像是换了一个人，和大一的时候很不一样。

四、经验启示

从该学生的案例分析中，我们可以清晰地看见老师在与学生进行互动中，有效地激发了学生的学习动机，并积极地投入了个人努力，取得了成长过程中的可喜变化和个人提升，我想面对类似的学生个体，尤其是针对适应大学生活的新生而言，有几点经验值得分享：

1. 制定个性化的辅导方案，激发和培养大学生的成就动机

通过谈话、分享、评价反馈等形式，以班级活动、课堂互动、课外科技活动等载体，协助辅导对象设定具有较高诱因价值的目标，充分激发学生的成就动机，这对于个体发展与专业成长，对于高素质人才培养，以及个人良好工作习惯的养成都具有重要的意义。

2. 关注学生学业成长的每一个环节

在学生遇到困难、面对困惑、设定目标、完成阶段性目标的过程中，及时的关注、明确的指导、主动的鼓励，及时地帮助学生分析所处的不同阶段，树立明确的目标，分解不同阶段的任务和阶段目标，并能提供持续的个人成长动力。

3. 注重学生个人特点和特质的分析

针对不同特质类型的同学，在学生职业规划、学业帮扶，以及制定个人发展目标中，要充分考虑学生的特点，结合个人特质，优势特长，发挥学生主观能动性，激发学生的学习动机和学习主动性。

4. 真诚地与学生分享自己的成长经验

与学生建立起良好的互信，营造良好的无隔阂沟通氛围，引导学生养成有问题有困难就愿意跟辅导员沟通的习惯，在课程学习、个人能力培养、个性化发展以及专业素质提升等方面提供个性化的指导。

5. 帮助学生实现个人成就与实现社会价值有机结合

在学生个人成就动机的激发及个性化培养的实践中，在个人发展、个体提升的同时，我们有必要引导学生认识学习和个人成长、社会价值实现的关系，把追求个人成就和满足社会的需求紧密地结合起来，在小我的基础上成就大我，使得个人的成就动机与服务社会的动机有机融合。

专家点评：

大学生作为具有自主性的教育对象，不仅能够对教育者所传递的信息加以认识、选择和接受，而且能够由感性到理性，认清自身思想品德与社会要求之间的差距。从而，思想政治教育者需要切实找准做好学生思想工作的切入点，激发学生的自主意识和主观能动性，使他们成为思想政治教育的积极参与者，是进行学生辅导的非常有效的途径。案例中小 A 积极乐观、思维活跃，学习基础也很好，成就动机潜质很强，这就为教育取得实效奠定了良好的基础。该生的主要问题在于进入新的环境对于自身要求有所放松，过于依赖自己的学习兴趣，未能及时制定新的奋斗目标。面对这种情况，有针对性地进行目标设定和目标分解的过程指导，充分发挥学生的特长优势，引导学生参加有益的社会实践活动，正向地引导学生的积极主动性，激发学生的成就意识，充分发挥其主观能动性，是思想政治教育者发挥其主导性的关键所在。本案例也证明了此种认识和做法最终使得以学业帮扶为主要载体的思想政治教育取得了良好的效果。

北京工业大学人文学院党委书记 杨茹

学困生帮扶计划的实施及成效

一、案例概述

本学期，我班有两名学生试读，二人均为北京生源，且住同一宿舍。根据之前掌握的情况，两人逃课现象较为严重，平时生活比较懒散，学习没有目标和动力，自我约束力较差。其中，学生甲个性比较强，不愿意受家人和老师约束。据家长反映，该学生自小聪明，在小学和中学阶段，平时学习比较放松，往往在大考前，在老师和家长的督促下，才能较投入地学习，且取得较好的成绩。学生乙平时也不重视学习，据同学反映，该学生女朋友在外地，彼此较为牵挂，再加上本人也爱玩儿，精力不在学习上，学习状态不佳。

二、案例分析

该案例中的两名学生均在学习态度和学习习惯方面存在较严重的问题，如不及时调整，势必影响后期的学业。同时，这两名学生的情况较为典型，与其同宿舍或同班的同学身上或多或少也存在学习动力不足，缺乏学习兴趣，没有明确目标等问题。

我作为班主任，经和学生本人沟通，取得本人的理解和同意，与家长进行了沟通。针对这两名学生的学习状况，制定了学业帮扶计划。帮扶目标是本学期不出现挂科，帮助学生顺利进入大三的学习。同时，加强本班的学风建设，采取有效措施，带动和引导有学业危机的同学，顺利完成学业。

三、辅导过程

（一）辅导过程

在与本人和家长多次沟通之后，确定了对两名试读学生开展学业辅导的基本策略，制定了帮扶计划，具体如下：

1. 严谨的数据分析

首先，对甲、乙两名学生的成绩（大一两学期和大二第一学期）（必修课）进行了分析，如下表所示：

学期	大一第一学期		大一第二学期		大二第一学期	
考试情况	不及格门数	补考未过门数	不及格门数	补考未过门数	不及格门数	补考未过门数
学生甲	2	2	3	1	4	3
学生乙	1	1（缺考）	2	2	3	3

从表中数据可以看出，甲、乙两名学生在升入大学之后，学习成绩呈滑坡趋势。尤其在大二第一学期，必修课挂科较多，再加上有选修课未通过，导致该学期的学分通过率在50%以下，试读。分析认为，大一的课程相对较简单，即使不听讲，考前突击复习也能有一定效果。而大二的课程难度增加，由于学生之前没有接触过工程力学、物理化学等课程的内容，如果上课不认真听讲，自己看书很难掌握要点；这些课程的学习不是简单的记公式、背原理，需要有一定的习题演练。若仍抱着平时不学、考前突击的学习态度，很容易发生挂科。因此，两位学生试读的主要原因可以分析为：学习习惯较差，平时逃课较多。一方面是由于听课质量差造成的；另一方面是由于学生对课程的难度估计不足，过于轻视大学课程的学习，考前复习仓促，由此导致挂科、试读的后果。

2. 多方的沟通交流

我分别与甲、乙两名学生进行了约谈。通过约谈，我确定二人没有厌学情绪，也没有网瘾，本人能够认真对待现状，并且愿意配合老师，共同努力尽早脱离试读。另外，在察觉学生甲和学生乙有试读危险后（大二第一学期挂科较多），我与他们的家长分别进行了沟通，希望家长能督促学生利用假期好好复习，认真对待补考。在补考成绩出来之后，学生甲的父母专程来到学校，与我一起规劝其认真对待学习。学生甲还一度表示，将来要自主创业，对所学专业兴趣不大，甚至觉得读大学的意义不大。父母和老师都表示理解他的想法，但同时也指出，大学学习不仅是获取知识的途径，更为重要的是个人能力的提升和综合素质的培养，因此要珍惜大学的学习生活。此外，我与学生乙的家长也进行了多次沟通，了解其家庭环境，就孩子的学习问题与家长达成了共识。

3. 持久的跟踪辅导

在与学生、家长达成一致意见，帮助学生确定帮助策略后，我开始定期了解学生思想动态，帮助学生克服思想压力，激发学习动力；保证每周至少与两名学生见一次面，了解他们的学习状况，并给予鼓励。同时，不定期到课堂抽查学生上课情况，跟任课老师了解学生平时作业和测验情况，督促其及时复习所学内容，查漏补缺；关注学生的平时表现，及时发现问题，解决问题；在期中及期末考试前 3 周的关键时间点，督促学生着手复习，并与家长及时沟通，告知学校的教学安排。从家庭和学校两方面入手，共同关注学生的学业状况；指定班内学生对他们进行 1 对 1 辅导，每周一起自习 3 次以上，帮助学生克服懒惰，改进学习方法和习惯。

（二）辅导效果

经过一学期的努力，两名学生都取得了一定进步。学生甲只有一门必修课没通过，待补考。学生乙必修课全部一次通过。值得关注的是，两名学生的学习态度都有了一定转变，学习兴趣和主动性有所提高。比如，学生甲对某些课程兴趣颇浓，经常与本宿舍同学讨论学习，并能很快完成作业。

在针对两名试读学生实施帮扶计划的同时，在班长等同学的带动下，本班的学风建设也取得了一定成效。首先，逃课人数大为减少，课堂上认真听讲的学生增加了。其次，本班也出现了几位学霸，上课时坐在前排认真听课，课后积极与老师讨论问题，这种认真的学习态度对周围同学产生了积极的影响。在良好的学习氛围影响下，大多数同学都较为努力，学习成绩有所提高。

四、经验启示

通过对本学期的学困生帮扶计划实施和学风建设工作的回顾和总结，我认为开展班级学风建设工作时需注重以下几方面：

1. 了解学生个性特点，掌握学生思想动态

现在的在校大学生是90后的一代，他们的成长环境比较优越，在家里和学校，都是以赞美式教育为主，不能接受批评。他们考大学往往是为了满足家长的期望，而在进入大学之后，仿佛脱缰的马儿，开始无节制地打游戏、玩乐。因此，对待学业出现问题的学生，不能一味批评，否则学生会产生逆反情绪，甚至躲着老师。适度的批评是为了让学生认识到自己的问题，找到原因，端正态度，进而取得成效。此外，学困生往往挂科较多，可能会产生畏难心理，甚至自我放弃。这也需要老师耐心细致地引导他们，制定可行的计划，增强完成学业的信心。

2. 双管齐下，共同关注学生成长

进入大学以后，孩子和家长相处的时间减少，有的家长并不了解学生在校的情况。而且，大部分家长认为大学和中学不一样，不好意思打电话给老师，怕给老师添麻烦。另一方面，大学的管理比较松散，如果学生不主动与老师沟通，老师也很难了解学生的真实想法。对于自制力较差的学生，他们很乐于处在老师和家长都管不着的状态，放任自己，导致出现学业危机。因此，有必要建立家长和老师之间的有效沟通，相互配合，尤其

是学业已经出现问题的那部分学生，更需要家庭和学校的共同关注，以使他们顺利完成学业。

3. 加强学生学涯规划教育，激发学生自我管理意识

出现学业危机的学生往往缺乏学习目标和动力，他们对未来没有规划，或者说没有认真考虑过未来的职业生涯，以及现在需要做的努力。俗话说，人无远虑，必有近忧。一个人，在有了明确目标之后，才会产生动力，自觉地朝着既定目标一步步前行。大学阶段是学生走向社会的准备阶段，准备工作是否充分，决定了学生将来的职业生涯能否顺利开展。因此，从学生入学开始，就要有意识地引导他们，逐步确立个人的发展方向，合理规划大学生活，在完成学业的同时，形成自觉学习和自主成才的意识，实现自我发展，提升个人素质和综合能力。

总之，学生工作需要运用思想政治教育学、教育学、心理学、管理学等相关理论，耐心、细心地分析学生的状况，实施正确的引导和有效的干预，帮助学生顺利完成学业。从长远影响来看，在学生的成长和成才过程中，学生工作者起着重要的引导作用，引导他们走上自立、自强的成才之路。

专家点评：

马克思曾经说过："环境的改变和人的活动的一致，只能被看作是并合理地解释为变革的实践。"人的思想品德的形成和发展很大程度上受到环境的制约，而人的自主性的特点又决定了人不是被动地接受而是可以能动地作用于环境。案例中的甲和乙两位同学主要的问题是自我约束力差，以往的学习经历又给他们带来比较负面的学习经验，进入新的环境中，缺少了外力的约束，班集体的微观环境又不是十分理想。班主任意识到发挥学校家庭双重作用的重要性，积极优化班级环境，营造良好的班风学风；发挥家庭环境的积极作用，使家庭环境的主导者——家长切实关心子女的全面成长，与学校老师保持有效沟通。从而不仅使帮扶的学生学习成绩有

所提高，而且加强了班风学风建设，营造了班级小环境，取得了预期的成效。由此可见，教育环境的优化是极其重要的，充分重视并积极引导青少年同辈群体，促使青少年在共同的学习生活中，相互鼓励，共同进步，是思想政治教育取得实效重要的环境因素保证。当然，重视环境因素并不意味着可以离开其他方面工作的配合，思想政治工作能取得实效本来就是多重因素综合发挥作用的结果。

通过本案例的解读也有值得思考的方面。东西方教育理念的差异、社会对教育期待的差异，也导致了面对法律上成人、行为上还不能为自己负责的教育对象，我们的思想政治教育还有很多的无奈和重任。

北京工业大学人文学院党委书记　杨茹

深入了解学生和正确的辅导方法是辅导成功的两大要素

一、案例概述

小赵是一名大一新生，刚入学时看起来比较严肃，由于外表和才能出众，同班同学很快熟悉了他，在随后竞选班干部时成功担任了组织委员。入学没多久，我发现小赵迟到、旷课的情况十分突出。我及时和他的家长取得了联系，就小赵的情况进行了沟通交流。没想到，当天下午小赵就到办公室找到我，还没等我说话，就激动地质问："你为什么给我妈妈打电话，我现在是大学生了，已经成年了，可以为自己的行为负责任。其他同学也有旷课、迟到行为，你怎么不找他们家长啊。你知道你打这个电话，会让我家里很不安宁。"小赵的话让我大感意外，也让我很伤心，但我依然坚持督促他按时到课。大一第一学期期末考试结束后，我约小赵到我办公室，帮他查看了一下成绩，其中最惹眼的，是高等数学成绩只有十几分，另外还有两门功课不及格。原本自我感觉优秀的小赵，第一次尝到了失败的滋味。

二、案例分析

这是一个新生大学生活适应的问题。经过进一步的深入调查，我对小赵有了更深入的了解。他是单亲家庭，父亲在他读中学时就去世了，母亲独自将他带大。通过和小赵母亲的电话联系，我发觉小赵非常理解母亲的艰辛，不忍心让母亲伤心。他听说大学生活是轻松的，大学里自由自主的时间也多了，功课只要没有不及格就行，好多同学有着类似的生活态度和做法，小赵也像他们一样经常打游戏、在宿舍睡懒觉，日子确实过得很轻松。一个学期下来，学业上出现了大的滑坡。

如何通过辅导，帮助小赵重新回到学业的正轨上呢？我进行了认真的思考，制定了有针对性的计划。

1. 加强班级学风的建设

在大学中，班集体是最重要的环境。一个立志成才的学生，如果处于一个优秀的集体中，会有如鱼得水之感，相反，如果处于一个风气不正的班集体中，可能受到不良影响，甚至在成才道路上中途失利。因此加强班级学风建设非常重要。

2. 有针对性进行价值观教育

大学不仅是传授知识的场所，更是培养个人能力的地方，进入大学后不但不能有松口气的念头，更应加倍努力，在汲取知识的同时，培养思考问题、分析问题和解决问题的能力。同时还要做好学习规划与职业生涯规划，为就业做好充分准备。

3. 引导学生合理支配时间

充足的可支配时间是大学生活的特点之一，在各种玩乐思想影响下，容易导致大学生的自控能力减弱。我帮助小赵尽快实现从中学生到大学生的角色转变，教会他合理支配时间，尽快适应大学生活，掌握正确科学的学习方法和生活方式，不过分依赖辅导员的管理。

4. 协助解决学生面临的问题

坚持以人为本，帮助小赵解决学习和生活中的难点、焦点问题，把管理工作与解决实际问题结合起来，把严格管理与营造良好成长环境结合起来，为大学生的健康成长搭建良好的平台。

三、辅导过程

在大一第二学期的时间里，我约谈辅导了小赵六次。第一次约谈时，小赵说了一些令我惊讶和伤心的话，但辅导员的角色和责任告诉我，不能就此放弃，坚信以后他会理解我的。首先和他一起学习了《学生手册》，了解有关规定和制度，使其充分认识逃课行为的不良后果。通过学习《学生手册》，渐渐地小赵理解了熟悉《学生手册》的意义，情绪不再激动了，默默地听完了我说的每一句话。随后我看到了两条手机信息，第一条来自小赵的母亲，代孩子向我道歉，第二条来自刚刚离开的小赵，表示今后一定改正错误。看完这两条信息后，我的心里暖暖的，更加坚定了信心。这一次的谈话，拉近了我和小赵之间的距离，建立了彼此之间的初步信任。

经过进一步的约谈后，小赵的情况有所改善。之后，我从任课老师处了解到，小赵旷课的次数少了一些，但是迟到现象却多了起来。为此，我不断地进宿舍查情况，对小赵进行了多次的督促和教育，让他感受到辅导员是真心关心和关注他的。

大一第二学期期末考试成绩公布后，我发现小赵的成绩仍然不够理想。为了帮他及时摆脱彷徨和迷惘情绪，我和小赵一起回忆他入学以来的大学生活，以及我和他的每一次谈话。我建议他利用假期时间认真总结一下大学生活的点滴。大二开学伊始，小赵给我发了一段微信留言："通过老师的指导和自己的潜心学习思考，我才发现大学并非人生的休闲驿站，而是新的起跑线，我会谨记老师对我说的，一些行为不能盲从，要更多的思考。大学是青春全面燃烧的黄金时代，在全面规划、定位的基础上，我会迈上人生快速发展的正确轨道。"通过这段话，我看到了希望。

之后，小赵不但学习成绩在专业名列前茅，而且积极、主动承担班干部的责任，还经常协助辅导员开展班级组织工作，协助我做班级其他同学思想工作，鼓励身边好友积极参加班级活动。小赵所在班级同学的出勤率越来越高，班级凝聚力越来越强。他还经常对我说时间不够用，还有很多事情等着去做。每逢节日，我都会收到小赵的祝福信息，心里充满无限的感动。

四、经验启示

辅导小赵的成功，让我收获良多，为我辅导一些“问题学生”找到了成功的解决办法。

1. 深入了解学生是辅导成功的基础

大一新生的个性较强，每个学生都有自己的个性和特点，有很强的自尊心，需要辅导员深入了解，发现学生身上闪光点，扬其长，避其短，给其阳光和雨露，让小苗在健康的环境中成长。在他们犯错误时，了解他们犯错误的原因，对症下药，才能事半功倍。

2. 正确的方法是辅导成功的关键

经过对这个案例的反思，我认识到，学生犯错误时，辅导员联系家长是必要的，但一定要掌握正确的方式方法和时机，最好先了解情况，再约谈学生，让学生对自己的错误有了认识，征得学生同意后再和家长联系，和家长一起分析学生犯错误的原因，共同对学生进行教育，同时也可以避免伤害学生的自尊心。辅导员对待学生，不能一味地指责和批评，更不能简单地采取联系家长的方式给他们施加压力。在辅导员的批评和讽刺中长大的学生，心灵的创伤和耻辱感可能会伴随一生。辅导员要注意保护学生的自尊心，善于帮助学生树立自信心，发现他们身上的闪光点，才能收到良好的教育效果。

专家点评：

青年时期是人的生理和心理变化比较强烈的时期。这个时期，青年的成人意识开始出现并逐渐增强，形成了很强的自尊心和被认同需要，希望他人把他们作为独立的个体，尤其在比较特殊的家庭，更是希望能替父母分忧，比起其他学生更加敏感和反应强烈。当案例中小赵得知班主任老师跟自己的母亲反映了自己的情况后气愤地来质问甚至是责怪老师，就是这种被认同和被尊重的心理需求的反映。小赵觉得自己没得到他人的尊重所以才会产生如此过激的行为，班主任老师也正是开始对此问题重视不够、欲速则不达，才导致小赵情绪问题的发生。不过，班主任意识到这点后，恰当地转变了教育方式，在双方平等的基础上和小赵进行真诚地沟通，对该同学状态的好转起到了积极的促进作用。

如何对待“问题学生”是值得我们思考和探究的问题。思想政治教育者只有提升各方面素质，真心尊重自己的学生，特别是面对自认为成熟而实际却很稚嫩的心灵，合理地运用教育方法，把握好教育的时机，才能把教育的方法演化成教育的艺术。

北京工业大学人文学院党委书记　杨茹

从挽救试读学生谈大学生自我意识的健康发展

一、案例概述

某班，一年级第一学期有1人挂科过多、学分不足，出现一次试读，第二学期又有1人试读。其中一名学生大学英语一、二级均不及格，专业课会计学Ⅱ、经济学原理不及格，高等数学（工）-1仅考8分，高等数学（工）-2为12分，线性代数（工）为18分，补考也仅得6分，如果再出现不及格就会二次试读，濒临退学危险。受此影响，该班无法获评先进班级资格，全班同学情绪低落，学习风气不振。

二、案例分析

出现试读情况，一是因为外地生首次离家在外，家长不在身边，自我控制和约束能力差；二是贪玩，特别是网游上瘾，无法自拔，导致缺课多；三是对高等数学、线性代数、英语等基础课有畏难情绪，对经济学、会计学这些专业课也不重视。因此出现学业问题。

我通过与试读学生谈话，与家长联系见面，建立帮扶小组，帮助他们改变学习方式方法，同时采取各种措施全面改善班风学风，提振全班的自信心。

大学生自我意识的发展有以下几个特点：自我意识矛盾性比较突出；自我评价趋于客观，但认识上仍有偏差；过多地关注自己；自我控制、自我教育能力有较大提高，但调控能力相对较弱。

三、辅导过程

1. 我先找每位试读学生进行认真谈话查找内因，耐心询问他们在学习上的困难，同时指出必须要改变现状，不能继续挂科，还要抓紧补回不及格科目。我还找了部分班干部从侧面了解情况，包括出勤、学习、生活等，全面了解学生背景，对存在问题进行分析。

2. 请家长来学校面谈沟通，告知如果不努力扭转一旦二次试读后的严重后果，避免被迫到真正退学的时候家长一无所知，耽误孩子一生。恳请家长一起督促孩子重视学习，戒除网游，培养自制能力。还建议采取具体措施来进行补救，例如放假期间家长要主动检查孩子学习情况，考虑请家教帮助补习功课，不要过于逼迫孩子以避免逆反心理，随时和学校沟通等等。

3. 及时召开了班主任、辅导员参加的全体班会，讲明一个班集中出现两个试读生说明这不是个别现象，班级学风一定存在问题，以至于影响到全班同学的奖学金和优秀班级的评选，因此从班干部到每个人都要从自身找原因，并一起帮助学业困难的同学。我要求他们建立 3 个帮扶小组，三个学习好的同学带一个试读生或危机边缘学生，带动学业困难同学的学习积极性，给予适度的外部压力，营造学习氛围，解决学习疑难问题等，争取能拉回这些孩子。

4. 辅导员到宿舍检查是否有人沉溺网游，班主任助理定期答疑，教授学习方法，经济学等专业课老师主动在课堂上下督促他们认真学习，端正学习态度。我也及时与老师们密切沟通和合作，避免出现新的挂科，以最大的努力来挽救学业困难的同学。

5. 请毕业班保研的优秀学生来与这些帮扶小组成员进行座谈，传授数学、英语、经济学的学习方法，讲明学好基础课对未来考研、出国等的重要意义，学生们感到受益匪浅。还组织了高年级学生和新生之间的交流讨论会，请高年级品学兼优的班干部来讲述学习经验方法、考研经历诀窍、在校学习生涯的规划等等，大家互动得非常积极，效果很好。

6. 平时我通过抽查考勤、面谈电话等不断督促学业困难同学的学习，期末考试前通过电话、邮件等多种方式提醒他们要认真复习，及时通知他们参加学校开办的数学辅导班，告诫一定不能违反考场纪律等事项，提前打好预防针。对于学生取得的进步也注意及时表扬，希望能够帮助他们树立自信心。

学业困难的同学普遍在学习态度上有了明显进步，能够主动打电话找我汇报情况，最重要的是逐步建立起了信心，到课情况有很大进步，基本没有新课不及格。其中一名学生已经摆脱试读身份，另一人避免了 2 次试读，正在努力争取早日摘掉试读生的帽子。班级班风学风建设取得了较好的效果：有 6 人获得校学习优秀奖，1 人获得校优秀学生干部，1 人获得校励志奖，3 人获得院优秀学生干部，4 人获得院外语学习优秀奖，有 6 名获得了北京工业大学杰出学子资格；全班英语四级通过率达 90%，六级通过率 75%；学生还积极参加社会实践和志愿服务，共计 20 余人次；全班有 40 余人次参加各类学术活动及科技创新活动，部分学生获奖。

四、经验启示

1. 关注新生心理调整和适应问题

对于初入大学一年级的新生要持续加强教育及管理，帮助他们走好从高中到大学的过渡阶段，给予心理转化方面的关注、本专业学习动机与学习方法的培养。特别是一些外地生源，与其他同学相比物质、见识相差较多，心理落差导致他们开始逃避同学、老师，自卑孤僻、消沉逆反，甚至沉溺于网游，逃避现实世界和承担责任，对待他们更要耐心和细心，帮助他们解决生活和学习多方面困难。

2. 对学业困难生要多方面齐抓共管

由于一些学业困难学生的自控能力较差，需要多方面共同采取措施来挽救，内因外因齐动手，班主任、辅导员、家长、同学、任课老师等合力形成推动作用，营造良好氛围促其改进。特别是要建立家长长期联系机制，家校及时沟通才能最终解决问题。

专家点评：

青年的情感活动具有比较激烈和多变的特点，虽然他们的自我认知、自我评价、自我控制的能力有了提高，性格处于逐渐定型的阶段，但如果缺乏适时地引导，也极有可能形成巨大的心理失衡，从而迷失自我。尤其是一些外地同学，离开了熟悉的环境、远离了父母亲朋，有些还是从当地学习上的佼佼者变成了大城市中的陌生人，心理的孤独感和不适应常常表现为抗拒与外界的接触，拒绝和其他同学的正常交往，这就需要周围的老师同学以及家长多方面关注学生的学习情况，生活状态，人际交往等细节，并给予适时地疏导与帮助。

大学新生群体，在新的环境和各种诱惑面前，会出现短暂的迷茫，思想政治教育者应敏锐地感知这种变化，及时引导，增强学生的自主意识，鼓励学生确立新的更高的人生目标，并为之努力奋斗。

本案例中，老师针对班里试读学生的具体状况和心理特点，巧用咨询辅导法，与试读同学建立良好的沟通关系，并展开全方位的调查，找到问题原因；然后从多方面采取措施，进行有效的管理，在一定程度上挽救了试读学生，同时推动了班风学风建设。

在实际工作中，有效整合教育资源，客观上也为思想政治教育创造了良好的环境，有利于教育任务的完成和教育目标的实现。

北京工业大学人文学院党委书记　杨茹

深度辅导巧解学业危机

一、案例概述

XXX，我院XX专业201X级学生。那时我刚刚担任辅导员，正值大三下学期期初，在对这个班级整体情况和每位同学的详细信息不熟悉的情况下，这名学生第一个闯进了我的工作。

某天午休时，这位同学的妈妈突然给我打了电话，语气特别着急地给我讲述了孩子目前令人头疼的现状。该同学从大学一年级至大三上学期末累计有待重修的课程共5门，可是他自己觉得无所谓，不理不睬，没有对重修课程做任何准备和计划。他平时很少回家，回家后从不主动和父母说话，父母主动找他聊天也是爱理不理，和父母唯一的交流方式就是争吵。每次回家后便会一头扎进自己的卧室，玩电脑游戏、上网聊天。

电话足足打了四十分钟，这位妈妈非常无助，希望我能帮帮她，和她儿子谈谈心、做做思想工作、缓和一下该同学和父母的关系、把学业抓上去。

二、案例分析

该同学现在已经是大三学生了，目前处于大学的第六学期的期初，距离正常的大学毕业时间只有三个学期，而且最后一个学期还需要实习和完成毕业论文等，真正可以用来完成学业的时间非常紧张。但该同学却把自己置身于事外，就好似“事不关己，高高挂起”。

父母知道这些情况后心急如焚，他们认为自己的孩子当时高考时成绩很不错，到大学里学业是应该不成问题的，可恰恰学业出了问题，所以难免天天唠叨，导致孩子与其关系疏离，甚至进入冷战状态。归根结底，是该同学严重的学业问题，导致与父母的矛盾升级。

通过上面事实陈述与问题的分析不难看出，导致该同学学业出现问题及与父母关系紧张的关键是该同学对待学业的态度，所以，要解决问题就一定抓住问题的根本之处——该同学的学习态度。

围绕着问题的关键，我初步设计的工作思路是：首先与该同学约谈，以朋友的身份试着走入其内心世界；其次，与该同学所在班级的班委成员、同宿舍的舍友、专业任课老师等沟通，从侧面了解该同学；最后，再与该同学深度谈话，进行辅导。

三、辅导过程

1. 与问题学生的第一次接触——初步了解学生问题

未见到这位同学的时候，我想象中的他可能是个不太懂礼貌，沉迷于网络世界，无法与他人正常交流的孩子。可当这位同学出现在我眼前的时候我有些许惊讶，他很有礼貌，进办公室之前轻轻地敲门，听到回应后才缓缓走到我的办公桌前，在我几次请他坐下后，他才恭恭敬敬地坐下来。

他先简单地介绍了一下自己，并没有问我找他来的原因，而我也就假借自己刚刚接手这个班，想和每个同学认识一下和他聊起来。我们很轻松地聊他在学校的吃住情况、平时课余时间做什么、爱好有哪些、最喜欢哪些课等等。开始时只是我问他答，问几句答一句，但随着时间的一点点过去，他开始适应，话多了起来，拘谨的坐姿也变得放松了许多。

当谈到他的几门重修课时，他的脸色有了些变化，手不由自主地抓头。从谈话得知，我认为他并不是对功课无所谓，而是迷茫不知道从何入手，他其实是孤独无助，急需他人拉他一把。当谈到与家庭成员以及家庭关系的时候，他言语中有点躲躲闪闪，后来说出了产生隔阂的关键原因，“自从有了小妹妹之后，父母对他就不太关心了”。我心中突然有了一种豁然开朗的感觉。

最后，我要求他一周之后给我个这学期的学习计划。力图通过这个方式来刺激他一下，给他施加点压力，一方面促使他对自己这学期的学业有一个思考；另一方面，试探一下他的学习态度以及他的学习潜力。

2. 与任课老师、班委成员、同宿舍舍友接触——侧面了解问题学生

和该同学进行了第一次接触后，我通过面对面交流、电话、飞信、微信等方式与任课老师、班级负责人、同他的舍友了解该同学的整体情况。

通过两位任课老师了解到该同学平时课堂中听课的状态、学习的态度、成绩情况等。这位学生平时表现还不错，比较听话，但学习有点缺乏主动性和积极性，平时与任课老师交流不多。从班级负责人那里了解到，该同学参加班级活动很积极，与同学之间相互关系也很好，只不过平时喜欢玩网络游戏，对身体锻炼不太注重。从同宿舍的舍友那里了解到，该同学平时晚上喜欢熬夜，早晨起床晚，有点懒散。

3. 开诚布公的一次畅谈——回顾过去展望未来

过了大概十天后该同学又来到了我办公室，表情带着些许期待。我从他的优点入手，抓住其所存在问题的根源，深入、深刻地剖析问题，和他一起回顾了过去的五个学期，他后悔地低下了头，很诚恳地说出了自己的内心想法。自从有了小妹妹后，父母把所有的心思从他身上转移到了妹妹身上，他虽说已经成年了，但内心还是很幼稚的、不成熟的，因此他就故意动不动就与父母怄气，故意为难父母，故意做出个样子给父母看，开始时是故意玩网络游戏，可是越来越上瘾，以至于后来自己沉迷于网络不能自拔。

所有的一切说开了之后，我帮他梳理了一下需要重修的课程，找来学校各学期各专业的课程表，结合下学期即将步入毕业期的紧张局势，我们共同做出了一个重修课计划，从大三的最后一个学期开始保证不再增加新

的重修课，本学期和下学期将所有的五门重修课修完，不能将重修课再拖到毕业的最后一个学期，从现在开始集中全部精力学习，合理安排好自己的作息时间，从此时此刻开始自己要集中一切力量追上其他同学。

除了学业计划外，通过晓之以理，动之以情，让他了解了父母支撑一个家庭是多么的辛苦，有了妹妹之后只会又多一个人爱他，而不会失去父母的爱。另外，身为一个男子汉应该有担当、有责任感、有承受力。最后他主动给父母打了电话，当时电话中就能感受到他妈妈那高兴的心情。

一个月后，我主动电话联系了该同学的妈妈，那位妈妈说最近儿子变化很大，一回家就主动逗妹妹玩儿，开始在饭桌上与父母有了一些交流，慢慢地沟通越来越多，甚至还聊些学校的同学、暑假打算去哪里旅游、一年之后准备做什么工作等等。大三升大四的时候该同学顺利完成了当年的课程，重修的三门课也顺利过关。

四、经验与启示

1. 对待工作要有积极的态度

辅导员是距离学生最近的岗位，我们要本着一切为了学生、为了一切的学生、为了学生的一切的原则积极开展工作，不能坐等工作。如果天天坐着等工作，这样的工作方式是被动的，或者说是被迫的，被动的工作一定不会有好结果，不可能有高效率更谈不上高质量。

2. 在工作中要讲究方式方法

我深深地体会到，要做好大学特别是辅导员的工作，要与学生多接触，深入地、多方面地了解学生，平等对待学生，把学生当朋友，包容他们、欣赏他们、理解他们、相信他们。在沟通、理解、对学生充分信任的基础上灵活运用各种方法。方法决定了结果，方法选择得当就可以事半功倍，否则就事倍功半。学生日常事务工作繁琐冗杂，所以要选对方法，一般的工作方法如下：

事前以预防为主。对学生工作要有一定的预见性，这就要平时多和学生接触，而且要做个有心人。平时的工作中注意观察学生的宿舍的生活情况、同学之间相处的情况、上课听讲的状况，等等，做到“察言观色”，提前预见可能会出来的问题，针对可能出现的问题提前做好防范措施。

事中谨慎认真。对于正在发生的问题要本着小心谨慎，稳妥地处理，不能使已经发生的问题再进一步扩大化，一定要将问题控制在最小的范围内，特别是一些负影响要尽量减少，所以这个阶段一定灵活，不能采用过激的举动，以免使矛盾激化。

事后擅于分析总结。对于平时处理的学生的琐碎事务，应该多总结、多分析、多联系、多概括，虽然一些学生的案例都是个案，但要擅于通过个案中发现共性，根据共性总结经验或教训，有利于今后工作的开展。

专家点评：

青年的情感开始带有文饰的、内隐的特点，他们的外部表现和内心体验常常并不一致，这也恰恰反映了青年学生的心理常常是脆弱和幼稚的。作为思想政治教育者往往不能被表面现象所蒙蔽，要善于找到事物背后的真相、现象中的本质，才能对症下药、对症施策。在本案例中，对于有5门课程需要重修的学生，而时间又是如此紧张的情况下，“却把自己置身于事外”，表现得满不在乎，这是非常有违常理的。读到这里，都会让人产生一探究竟的好奇。果然，经过辅导员的循序渐进、反复多次的谈话，了解到该生学业上挂红灯、与父母关系僵化的原因是他认为妹妹的出生夺去了本该属于他自己的很多爱。看到这里，可能会让人真是觉得这个学生又可爱又可气，可爱的是他非常在乎父母赋予自己的爱，而可气的是这样的小自私心理竟然导致他自暴自弃、以此吸引父母注意。全面放开二胎政策后，这种现象可能会愈加普遍，教育者可以从该辅导员身上借鉴经验，从个案中发现共性，对这一类学生进行积极的心理疏导，帮助他们认识到自己的心理幼稚和处理问题的失当。

当然，诱发学生行为表现出现失常的绝不仅限于此类问题，还会有各种我们无法预知和干预的问题，如父母闹离婚、谈恋爱失败、和宿舍同学关系，等等。要善于举一反三，更重要的是，教育者在与教育对象互动的过程中，要注意感情的投入，尊重、关心、爱护教育对象，在此基础上理解教育对象的种种合逻辑或不合逻辑的行为并加以引导，这样不仅有利于学生身心健康发展，而且有利于辅导员工作的顺利开展。

北京工业大学人文学院党委书记　杨茹

积极沟通　打开心扉

一、案例概述

小磊，男，大一时因不明确学习目标而休学。复学后进入比自己低一届的班级中，与5个同专业不同班级的学弟住在一个宿舍。新学期将近过半时，5位同学向我反映，小磊平时在宿舍时间过久，不肯下床，并且与其他同学交流不畅，例如：当其他同学想要开窗通风或打扫宿舍卫生时，小磊会表示“感觉很冷，需要关上窗户”“打扫卫生打扰到我休息”等。另外他的行为比较自我，例如：在自己休息时不允许其他人的声音过大，但当他人休息时，却并不注意个人行为给他人带来的困扰。5位同学认为小磊一直在向他们传播负能量，希望能将小磊调离宿舍。

二、案例分析

根据学生反应的情况看，该案例是宿舍同学与小磊的关系问题，同宿舍同学反应小磊在宿舍时间过久；与宿舍其他同学沟通不畅、比较自我以及过多传播负能量等。但深层次的问题是小磊的个人问题，一是作为学生，不上课，长时间待在宿舍里，不肯定下床；二是不能很好地与其他同学沟通；三是对事情的看法比较消极并加以传播。小磊与宿舍其他同学之间的矛盾如果不能及时发现并进行干预与辅导很可能会演变成不可调和的宿舍矛盾。

首先是帮助他们调解宿舍矛盾，促使他们加强双方之间的沟通，寻求双方都能接受的解决办法，避免进一步激化。

其次加强对小磊的个人辅导，通过有效的方式方法，打开心扉，增进与他人的交流，从而更好融入集体生活，进而帮助他细化个人短、长期目标，明确人生规划，完成学业。

三、辅导过程

（一）辅导过程

1. 向前任辅导员了解小磊休学的情况。得知小磊之所以休学，主要是因为不知道学习的目的是什么，希望能尽早进入社会锻炼自己，再考虑是否需要回到学校进一步学习。对此，小磊的妈妈和辅导员曾经努力劝说过他，希望他能先以完成学业为主要目标，在取得学位之后，再考虑进入社会历练，但是效果并不理想，最终小磊还是坚持选择了休学。在休学期间，小磊找了一份实习工作，并且感觉良好，正在渐渐融入社会。本学期迫于父母的压力选择重新回到学校读书。

2. 与宿舍其他 5 位同学交流，反馈小磊情况，赢得他们对小磊的理解。我先与他宿舍的其他 5 名同学进行了一次交流。在交流过程中，我耐心听 5 名同学讲述宿舍现在的情况和他们的想法。从中得知，他们已多次尝试与小磊沟通，比如提出“如果你觉得很冷的话，就等你出门的时候再把窗户打开。”虽然他当时表示了同意，但是事后发现他并没有按照承诺去做，而后质疑他“为什么没有开窗户？”的时候，他回答说“我并不是宿舍最后一个离开的。”类似情况屡有发生，沟通效果并不理想，甚至最后因为双方都有不满，出现了吵架的情况。

我向宿舍的同学们讲述了小磊的个人情况，以及他为什么会调到他们宿舍之后，他们对小磊目前的情绪表示理解。我们最后达成了共识，他们最主要的目标是解决宿舍的矛盾，如果能有更好的与小磊相处的方式，他们也愿意尝试。我肯定了他们对待解决问题的积极态度，并提出了对待相同问题，采取不同态度和方法结果是不同的，希望他们能用更加平和的心态去尝试与小磊进行沟通和交流。最后我说，大家的共同终目标是解决宿舍生活中的矛盾，因为毕竟你们需要一起生活学习 4 年，如果关系破裂，会造成不良的影响。我通过举例说明在社会中总会遇到自己感觉无法相处的人，如果始终采取排外或不交流的方式解决这类问题，那么就将不能适应整个社会环境，对于自己的发展也是一种阻碍，不如通过现在这件事，尝试学习如何和他人沟通和交流。

最终，他们提出让我先不要介入，先回去与小磊进行一次全面的沟通，将想法直接告诉他，尝试能达成一种共识，如果还没有效果，再考虑由我或者其他老师找小磊进行沟通来解决问题。

3. 对小磊进行深度辅导。为了能彻底解决他们的宿舍矛盾和小磊的个人问题，我又与小磊进行了一次单独约谈。在交流过程中，他表达了自己对待学业和生活的态度，表示不能理解现在学习的知识对自己有什么帮助。我首先肯定了小磊的对个人生涯的思考，并表示我可以理解他的想法和行为。我向他提出了几个简单的问题，比如："你现在能做些什么?""你想象中5 年后的生活是什么样子?""你想要怎么报答自己的父母?"在他简单思考之后，我以身边很多同学的实例帮助他了解现在所学专业知识与日后从事工作的关联，学历学位对个人日后发展的影响等等。然后，针对他对未来比较迷茫的状态，我建议他除了选择在这个时间段提早进入社会这一比较极端的方法外，还可以选择向学校有关职业规划和就业指导的专业老师进行咨询。如果觉得与老师存在代沟，我也可以帮他介绍已经毕业的学长和学姐进行一对一交流。最终，我们达成初步共识：现在作为学生身份，应该以学业为主，在完成学业的基础上，再调整人生目标，寻找适合自己的工作。

（二）辅导效果

在后续的了解中，5 位同学反映宿舍的关系已经得到了缓和，宿舍气氛改善了很多，大家就一些问题也达成了共识，平时的交流也变得更加频繁。

对待小磊的个人问题，还需要进行深度辅导，以帮助他明确目标，彻底解决小磊内心的疑惑，完成学业。

四、经验与启示

1. 了解深层次情况

每个问题的发生都可能存在更深刻的原因，充分了解并分析背后的本质才能更好解决问题。

2. 采用引导性方式

与学生的交流中，要摆正自己的位置，避免说教的方式，多采用更容易被接受的方式引导学生思考，以期实现他们自己解决自己的问题。

3. 适当进行肯定

与学生交流要保持耐心和细心，先表示充分的理解和肯定，再帮助他分析和细化个人情况，并针对遇到的问题提出具体的措施和解决办法。

专家点评：

本案例中，辅导员从宿舍关系问题中发现学生小磊在个人成长上出现的学习目标模糊、学习动力不强等问题，将两个问题一起考虑协调解决。在解决问题的过程中，辅导员首先尽可能多地了解相关信息，比如找小磊的前任辅导员了解小磊休学的原因等，便于找到产生问题的根源，这一做法很好，也为问题的解决提供了更坚实的基础。充分信任学生，调动学生自己解决问题的积极性、主动性，激发出他们解决问题的能力，这一做法收到良好效果。学生经历了这些，也将获得更大的成长！在对小磊进行辅导时，辅导员在肯定他的同时又循循善诱，用实际例子引发他对自身状态不佳的思考，逐渐找到前行的方向，明确发展的目标。这种教育引导方式通过实践证明是容易被学生接受，也能获得较好效果，值得肯定。

北京工业大学应用数理学院党委书记　周洪芳

敞开心扉　退一步海阔天空

一、案例概述

小 A 性格开朗，乐观向上，与他人相处融洽，在班里担任团支书职务，工作踏实认真，并得到相关部门和任课老师的认可。

小 B 与小 A 同处一个宿舍，小 B 目标明确，有自己的想法和追求，并在班里担任组织委员。

有一天小 A 突然通过飞信向我寻求帮助。小 A 反映，自从上次选了去上党课的人没有小 B 之后，小 B 就一直觉得当初的选票是小 A 做手脚了。虽然不是听小 B 亲口说的，但小 A 仍然感觉特别冤枉。小 A 还反映，在宿舍里，小 B 不跟任何人说话，但总带些别的宿舍同学来宿舍，有时候推门就进，宿舍同学表示受到了干扰。晚上大家都睡觉了小 B 自己开个台灯，谁都睡不了，而且小 B 不做值日。但小 B 完全意识不到自己的问题，小 A 跟小 B 谈，小 B 也爱答不理，并说这个状态已经持续快一年了，真的已经忍无可忍了。所以小 A 希望我能和小 B 谈谈，实在不行，她们只能让小 B 离开。

二、案例分析

这是学生之间的人际关系问题。小 B 在班级的工作较少，但分派给她的工作她都能够用心去做，工作认真负责，加上平时与小 B 的接触，感觉她不应该会做出小 A 所说的这些事情。但我对小 A 的接触和了解更深，平常也更信任小 A，所以我分析她们之间因某些问题存在一些误解，因误解产生猜疑而又没有及时进行沟通，或者沟通方式存在问题，所以产生了其他矛盾。

第一步：与小 B 聊天，了解小 B 在学习、宿舍生活、交友、工作等方面的情况，进一步加深对小 B 的认识，同时寻找小 B 与小 A 及之间存在的问题。

第二步：与小 A 聊天。详细倾听她们生活中发生的一些琐事，对比思考她们之间的谈话，以便找出矛盾症结所在。

第三步：帮助小 A 分析她们宿舍与小 B 之间生活中存在的矛盾和问题的根本原因。进一步引导小 A 如何去化解矛盾。

三、辅导过程

1. 与小 B 谈话了解情况

我开始时并不直接谈问题，而是围绕小 B 自身的学习、未来打算、课余时间、宿舍等方面循序渐进地聊。发现小 B 对自己的学习和未来有着明确的目标，并有自己的想法和追求，同时了解到小 B 平时很少在宿舍，因她在学校某部门担任某些工作，所以有时晚上需要加班，另外，她经常与班级其他宿舍的几个同学一起出入，她说她喜欢和有思想的高人在一起玩，这样能学到很多东西，而对宿舍其他人在宿舍玩的东西不屑一顾，感觉没有共同语言。但对于宿舍的一些作息时间、值日情况等等，小 B 的回答，似乎看不出宿舍哪里存在矛盾，对小 A 所说的生活中的矛盾避而不谈。同时小 B 不认为她们宿舍存在矛盾，只认为是兴趣不一样。而谈到工作时，小 B 说，因一次班会我让小 B 主持，小 B 修改了小 A 做的 PPT，小 A 一直对小 B 有意见，但也不跟小 B 说，别人对小 B 说的。通过聊天，加深了对小 B 的了解，同时也进一步发现小 B 与小 A 之间因工作问题彼此结成了心结。针对小 B 所说，我首先对她有自己的目标和想法以及充分利用课余时间充实自己给予了肯定和表扬，同时引导她在宿舍要学会求同存异，相互尊重，即使志向爱好不同，但并不影响彼此成为朋友。如果带着偏见和宿舍同学相处，容易被其他人疏远。

2. 与小 A 谈话

首先倾听她们生活之中发生的一些琐事。通过思考与她们之间的谈话，我渐渐找到她们之间出现矛盾的症结。于是我从以下几个方面帮她分析并进行指导。

首先，帮小 A 分析她们宿舍同学与小 B 之间生活中存在的矛盾和问题的根本原因，即小 A 与小 B 因工作问题和矛盾导致两个人对彼此产生误会和隔阂，生活中的矛盾是这种矛盾的继续和扩大。

其次，引导小 A 思考在这个过程中，自己存在的问题，一是她容易相处，工作认真，但缺乏工作经验，所以在工作中她没有处理好与小 B 之间关系，出现问题后不及时沟通，只暗自心里不舒服，这种没有溢于言表的成见通过他人传递给了小 B，所以小 B 对小 A 在心理上也产生敌意；三是在生活中出现矛盾的时候小 A 和宿舍另外几位同学也存在心理不平衡，不仅仅是她们所说的小 B 在她们较劲，而且她们也在跟小 B 较劲，但却不自知，只把责任推给了小 B。

然后我帮她分析小 B 的为人和性格，要强，但人不错。所以，根据她的性格，不会首先低头认错，通过直接指出她错误的方式她不会接受，也会不服气，因为错误不仅仅在她。

最后我引导小 A 要首先学会放下，放下心理的不平衡和较劲，并做好宿舍其他几个同学的工作，让她们也要调整好自己的心态，最后由小 A 跟小 B 单独敞开心扉聊天。并对她们如何聊天进行指导。原则是示弱，自己先退一步。首先讲大一时友好相处，再讲因工作经验不足等自己存在的问题和缺点，所以没有处理好与她的工作关系。因这些误会也产生不舒服的感觉。但在投票选择上党课人选的事情上自己的确没有做过手脚的事，要直接告诉小 B，消除小 B 内心的疑虑，帮她分析小 B 可能出现的反应。若小B依然不愿意沟通，让小A不要介意。只要说出来，即使小B不愿意说自己的问题，相信小B的心结也会打开。之后在行动上继续该做卫生做卫生，不要指责小B，用实际行动感染、化开小B的心结。

几天后我问小A是否与小B谈过了。小A说谈的还可以，和宿舍其他人也都谈了，现在大家心态很好了，并说小B会慢慢变好，得给她时间，在谈的过程中，小B也谈了自己的问题。小A说，过两天小B过生日，她们宿舍要筹谋一下。听到小A这样说，我由衷地为她们感到高兴。并告诉小A，这就是退一步海阔天空，其实我们越强势越敌对越对抗时，我们会得到同样的强势和对抗，相反我们给予对方的是宽容，发现对方也不那么强势了，就像作用力，你强它就强，我们会得到同样的力，多多沟通，多多看到自己的问题，问题就不是问题了。

四、经验启示

由于现在的大学生多数都是独生子女，加上家庭教育和社会环境的种种影响，大学生的“自我意识”比较严重。所以他们走出家门后，在一个集体环境下，便会出现各种各样的人际交往的困难：以自己的利益为重，不顾虑他人感受；与他人发生矛盾后，猜疑，不沟通，或者沟通直截了当，方式不正确引发更深矛盾；不喜欢改变熟悉的环境，在陌生的环境里希望别人先接纳自己，而不愿意自己先敞开心扉付出行动；不会与自己性格兴趣爱好不同的人相处，不知道求同存异，甚至保持友好关系等等。

但人际关系在人的一生中占据了非常重要的地位，人际关系的和谐是我们在学习、家庭、工作等各种环境中保持愉悦心理的重要部分，也是决定我们一生幸福不幸福的重要因素。所以学会与人交往对于每一个人来说都是生命中一个重要的课题。

因此作为辅导员，引导学生如何处理好人际关系尤为重要。引导学生处理好人际关系应把握几个原则：一是使学生先了解和谐的人际关系对我们一生的重要影响。二是学会尊重和求同存异；三是吃亏是福，不斤斤计较，用实际行动感染别人，很容易在陌生的环境下赢得别人的认可；四是出现问题，无论责任大小双方都存在一定问题，先认识自己的问题，看到对方的优点；五是放下心结、放平心态，释怀才会心平气静；六是敞开心扉，加强沟通，不失尊严的示弱，消除猜疑和误解，会发现退一步海阔天空。

专家点评：

宿舍关系不和谐占到大学生人际关系问题的较大比例，影响学生之间的相处以及学生的健康成长。在本案例中，辅导员处理学生宿舍关系不和谐问题时，做到晓之以理，动之以情，收到良好效果。辅导员通过与双方同学深入交谈，帮助他们寻找到产生问题的症结所在，进而提出加强交流消除误解，真正打开心结化干戈为玉帛的良策。辅导员在其中强调在出现问题时不要总是指责对方的不是，而要先检讨自身存在的不足，不失尊严的示弱会产生退一步海阔天空的效果。这些方面对当今大学生来说是十分需要改善的，辅导员对学生的引导和指导很细致、很到位。辅导员在本案例中总结的关于引导学生处理好人际关系应把握的几个原则，契合学生实际，可操作性强，值得推广。

北京工业大学应用数理学院党委书记　周洪芳

像亲人一样对待他

一、案例概述

学生张某，来自北方平原的一个普通农民家庭，家里有一个姐姐，很早就外出打工，非常疼爱他，父母均为农民。在整个村子中，张某是目前唯一考上大学的人。据张某说，他从小学习一直很好，到了高中，家里人为了能让他考上大学，尽管家中很贫困，却很少让他干活，他最重要的任务就是学习，也很少和同学来往，可以说考上大学，是他人生中最重要的目标。功夫不负有心人，张某终于没有辜负众人的期望考上了大学。来上大学之前，张某心中一直充满着对大学生活的热爱和对美好未来的憧憬，心情很好，但开学不久，他就陷入迷茫的苦恼，张某宿舍 4 人，其他 3 位同学都来自北京，其中两个家庭非常好，经常是名牌加身，起初他也并没有意识到什么差距，随着时间的推移，在交往过程中发现，其他同学出手阔绰，经常呼朋引伴，外出聚会，由于知道其家庭困难，总是不叫上他。张某平时也想和他们在一起，但他们说得一些事情张某总是插不上话，例如提到某某明星的轶事趣事，某某地方有什么好玩的或某某服装品牌，张某几乎闻所未闻，而且也没有经济能力购买。虽然自己也加入了学生会，但总是觉得格格不入，他经常想要是我也能像他们一样就好了，自此，张某心里一直很压抑、孤独，终日闷闷不乐，原本内向的他又多了几分自卑，集体活动也很少参加，在这种空虚、无聊的情况下，张某开始在网络世界寻找乐趣和成就感，整日打游戏，网上聊天，经常无故旷课，最终在大一的第二学期出现了试读的情况。

二、案例分析

该案例是一个家庭贫困的学生，该生面对大学新的环境，产生自卑心理，出现沉迷于网络的现象，学习退步，出现试读情况，如果不能及时发现级引导，极有可能出现非常遗憾的结果。

面对这样的情况，辅导员老师绝对不能着急，首先要弄清楚出现问题的根本原因，张某自身的家庭贫困，是学校在册的贫困生，对大学生活不适应，在与同学的交往中自卑，不能融入集体生活，最终只能在网络中寻找安慰，经常旷课，导致试读。在辅导的过程中，通过谈心、谈话使其明白老师和同学对其的关心，在大学生生活中找到倾诉的对象；担任学生办公室助理工作，逐渐摆脱对网络的依赖，加深对大学生活的参与度；与专业老师沟通，对其学业进行帮扶；在学习成绩上升的基础上，陆续参与学院特困生工作，最终成长为学院特困生组织负责人，引导其对党组织的了解，参加支部活动，最终成长为一名合格的共产党员，在这个过程中帮助其找到其学习的动力和目标，进而严于律己，主动学习成长。

三、辅导过程

首先，结束其无聊空虚的生活状态，让其有事可做，起初可以是被动式的。经过与张某谈话，张某同意课余时间来学院学生工作办公室给我做学生工作助理。在值班的过程中，帮助老师做些力所能及的工作，闲暇的时候可以看看书学习。这个工作占用了其大部分的课余时间，张某基本上就没有时间上网，还能有时间经常跟我和其他辅导员老师讨论一些问题，通过助理的工作他还经常可以接触到不同的老师和同学。在这个过程中，张某与我的感情加深，我们彼此相互信任，可以进行深层次的交流，谈谈理想，谈以后的生活，我督促其好好学习。经过一段时间的助理工作，他能够主动参与到学院很多活动中来，也有了主人翁意识，逐步找到了自身的价值。

接下来要发掘他的长处，增强其自信心，帮助他走出心灵的低谷，找到属于自己的自信。在接触的过程中，我发现，张某虽然不爱表达，只是由于自己的不自信，而事实上张某做事缜密，很有责任心，并且也愿意承担一定的工作。我开始让其专门负责一些特困生的相关工作，比如组织特困生中秋座谈会、才艺展示、联欢会等等，他组织的非常好，并从中获得了快乐，自己也非常想为大家多做些工作。随着其心态的逐步转变，逐渐养成了要变得优秀的习惯，在学习上也开始努力，逐步摘掉了试读的帽子，并在大三被选为学院特困生组织的负责人。在这其中，我引导张某逐渐参加党支部活动，使其对党有了一定的了解，张某对自身有了更高的要求，在对党组织追求的过程中，张某坚定了信仰。通过不断的努力，张某在大四光荣加入党组织，成为一名预备党员。目前张某正在设计院实习，设计院也反馈该生非常不错。张某也十分感谢老师对其的引导和付出，经常来办公室交流，协助学院开展各种活动，对自己非常有自信，并且与班级同学相处融洽。相信张某会发展的越来越好。

四、经验启示

要做好高等院校的教育工作，作为与学生接触最多、了解学生最多的辅导员工作是重中之重。辅导员只有在学生工作中仔细分析每一位学生的个案，用心去体贴、感化自己的学生，用自己的爱心与耐心必能换来学生的认同。在这个案例中，学生对辅导员老师的信任起到了关键性作用，学生通过与辅导员老师的沟通与交流，认同了老师，对于老师对自己的帮助充满了感恩，从而有意愿去努力，最终获得了成长。

专家点评：

在本案例中体现出辅导员对学生充满了仁爱之心，正如题目所言“像亲人一样对待他”。在辅导员工作中只有抱着对学生的热爱之心，才能真正走入学生心田，从而引导和帮助学生更好地成长。本案例很好地印证了这一点，并且取得了很好的效果，值得肯定并进行推广。辅导员以欣赏的眼光发现学生的优点，并且给其发挥长处的舞台，这样能够增强学生的自信，并且激发其自我成长的内生动力。只要学生自我发展的积极性提高了，明确发展目标并付之行动，其学习、生活状态就会随之改观，向好的方向变化。辅导员每天面对学生，在工作中只有充满热情，善于思考，方法得当，做深做细，落在实处，才能真正帮助学生解决问题，助力他们成长与进步，体现出育人的积极作用！

北京工业大学应用数理学院党委书记　周洪芳

一名研究生的困惑与疏导

一、案例概述

王诺，男，25 岁，2014 届硕士研究生，来自某省偏远农村，全家共四口人，母亲常年有病，没有劳动能力，姐姐智障，全家就靠父亲一人打工维持家用。2013 年 4 月 28 日，他拿着近几个月以来诊疗的两大袋材料找到我，说自己身体不好，看大夫花了好多的钱，希望获得学校的经济帮助，并提出给他安排单人间住宿的要求，理由是他身体不好怕吵，需要安静，以便养病。

二、案例分析

（一）了解情况

我请他坐下，给他倒了杯水，认真查看了他的诊疗材料，基本上是校外医院的中医诊断及中草药处方、收费单据。接着细细地倾听他的述说。他说也看过西医，但西医总说他没病，可三周前又有了新的症状，夜间一旦听到舍友张某的声音就会心情烦躁、大汗淋漓，汗水使整个床单都会湿掉，导致无法睡觉，由于夜间不能休息，使得白天没有精神还浑身没劲儿。问题是对其他同学发出的声音却没什么不良反应，就连学校建筑工地上建筑机械发出的那么大的噪音他都不在乎，对张某发出的声音格外敏感，连张某翻身时发出窸窸窣窣的声音、玩已静音的 Ipad 时发出的声音都会使他心情烦躁、大汗淋漓。谈及张某对他的影响，他说张某不但晚上玩Ipad影响他休息，同时张某晚上不睡白天不起，每天睡到上午十点，白天经常在宿舍里和家人打电话商量买房子的事儿，使他非常烦心。他告诉我他和女朋友分手了，我安慰他说：你又英俊又聪明，一定会有更好的女孩子喜欢你。他极其痛苦地说：英俊有什么用，徒有一张皮，我受不了了！要崩溃了!!

接待王诺后，对他的问题进行梳理，发现他可能存在的几个问题：身体健康状况、经济困难、心理问题、失恋困扰、人际交往障碍等。为了有针对性地对他提供帮助，使他尽早地从痛苦中解脱出来，我以最短的时间找到了他的舍友、社区管理人员和导师了解情况，寻找问题产生的原因。

舍友反映，原本王诺一切正常，学习、科研和身体都很好。半年前，他的女朋友以他家庭经济困难、性功能差为由和他分手了。从那时起他就变了一个人，除了看医生吃饭之外基本上不出宿舍，最近又有了夜间听到张某的声音就大汗淋漓的毛病，近来精神状况非常不好。而张某家在发达的沿海城市，是独生子，父母都是大学教师，家庭条件优越，有女朋友，而且前一段时间买好了婚房。张某知道王诺有夜间出汗的毛病，但并不知道与自己有关。

社区管理人员说王诺非常内向，出入宿舍楼从来不和管理人员打招呼，不太合群，近期总是在宿舍里躺着。而张某爱说爱笑，对人很有礼貌，就是爱睡懒觉。

导师说王诺研究生一年级时学习和研究情况非常好，即聪明又投入，研究工作做得很出色，还专门花了30多万元给他买了实验设备，但到了研二失恋后就发生了变化，基本不去实验室，即使去也是趁着没人的时候，尤其是导师不在的时候。导师多次在失恋和身体健康方面开导他，但没有效果，导师既为他惋惜也为他头疼，还说如果这样下去恐怕不能按时毕业。

（二）原因分析

通过对以上情况的分析，我找到了王诺出现问题的原因：

1. 认知失衡

自身健康状况，感情生活，经济条件，出身，家庭成员情况等方面的巨大反差使王诺产生了巨大的心理压力。和张某近距离的强烈对比，两人的生存条件的巨大反差，受到强烈的刺激，使他产生了自卑、焦虑、紧张、压抑等不良情绪。这些问题困扰着他，进而在心理上产生防卫反应，继而发生了对张某的敌对态度和强迫症状。他将自己受惊吓心烦出汗的痛苦根源归因于张某发出的声音，认为是张某影响了他的生活，怨恨张某，觉得张某给他带来了无穷的痛苦，使他晚上睡不好觉，白天没精神，病情加重，使他不能正常的学习和生活。

他把张某产生的声音看成导致他大汗淋漓和不能入眠的根源，这是一种不合理信念使他陷入极坏的情绪状态中，难以自拔。一直影响到身心健康。其实他的症状是由于自己对张某态度和评价导致他对张某的声音过度关注和敏感，痛苦的根源来源于他自己错误的认识和心理感受。心理学认为，认知失真，是当事人痛苦的真正原因，是引起心理问题的主要根源。

2. 个性缺陷

因为家庭的不幸，使他具有强烈的自尊心，内心极为敏感脆弱，性格内向在痛苦和无助时不能倾诉和自我调适，不良情绪无法排解和释放，被不断放大。张某无意间的显富对他的刺激一再升级，从过度关注，到愤怒，到憎恨，乃至一度想把张某整死。

3. 经济困境

由于家庭成员身体原因不能创造更多的经济收入，母亲有病需要手术，加上他自费看病花费了不少的钱，使他经济陷入困境，产生巨大的压力。

4. 感情困扰

同居的女友和他分手，感情受到伤害，更大的伤害是以他性功能差为由，并且他自己还认同，这无疑给他的身心带来难以承受的重创。

三、辅导过程

(一) 开展的工作

综合王诺存在的问题，确定解决的方案和步骤，根据问题的轻重缓急和难易程度开展如下工作：

1. 缓解经济压力

帮助王诺多途径争取经济援助，包括申请学校经济困难补助800元、学院补助500元、同时给他提供助管岗位，每月有400元的固定收入，这为王诺解决了部分经济上的困顿。

2. 解决人际关系问题

因为王诺对张某存在成见，导致在心理上对张某的过度关注和敏感，为了淡化张某对他的信号刺激，改变他的错误认知，尽快调整心理状态，我同宿舍管理部门的领导协商、给张某和舍友做工作，将张某和另一名舍友调离宿舍，留一位和王诺关系不错的舍友来陪伴他。这样消除了对王诺造成不良心理影响的干扰因素。

3. 利用多方资源对学生关心和帮助

我请导师从学生中挑选了有爱心、有能力的同学陪伴他；让同学们主动和他交朋友，及时反馈他的情况；给他提供了我们办公室的助管岗位，以便我对他随时沟通，进行干预和疏导；我把情况反映给宿舍管理人员，她们非常重视，主动和王诺谈心、介绍养生常识、给他提供微波炉制作营养餐。多方的关心和帮助使王诺获得了一个比较不错的心情。

4. 进行思想教育，培养良好个性

我用大量事实使王诺明白，自卑是人生的大敌，要勇于面对困难和挫折，自信自强，理性认知贫困，懂得贫困是暂时的，财富是可以创造的，要注意锻炼体魄，遇到问题学会自我调适，乐观豁达，心胸开阔，包容他人，悦纳自己，参加有意义的集体活动，培养高雅的生活情绪等。

5. 纠正认知偏差，进行心理疏导

针对王诺存在的心理问题，主要采用认知行为疗法，改变不合理信念，确定正确的认知。

（二）工作成效

1. 身心状态得到改善

通过心理疏导、思想教育、经济帮助、宿舍调整等措施和方法，解决了王诺面对的许多问题，使他的身心状态得到调整，尤其是心理问题的解决，使他肉体痛苦的感受也得到了解决，很快恢复了身心健康，用他的话说是：9 个月治不好的病，换了一个大夫，7 天就治好了，实际上是心理解放了。

2. 学习状态得到改善

原来导师担心他三年不能完成学业，通过的一系列干预后，他学习刻苦努力，积极上进，还考取了注册公用设备工程师。2014 年 7 月顺利毕业，到一家大型公司参加工作。

3. 人际交往障碍得到一定缓解

他认为是张某害得他夜间不能睡觉，白天不能好好学习和生活，曾一度憎恨张某，后来觉得张某也很无辜，由于他的敏感在一定程度上给张某带来了许多的不便和压力。觉得自己的一切苦恼主要还是自己的原因。

四、经验启示

1. 从新生入学开始就告诉学生遇到困难要知道如何求助。要让学生知道遇到困难积极找老师和相关人员寻求帮助，不要自己一味地承受，以至于不堪重负影响身心健康。

2. 解决学生问题过程中要广泛利用各种资源。学生的培养不仅仅是学习和学业，而是综合素质的培养，不是哪个老师或哪个部门培养学生，而是全校各部门的义务和责任，对学生要实施全过程、全员、全方位的关怀和帮助，任何一件事情或是一个人的某种不当言论或行为，都有可能对学生形成刺激，导致问题的发生。

3. 在对学生培养教育过程中，尤其要关注学生的人格塑造和心理疏导，当前学生群体心理失衡现象较为严重，表现为存在自卑、抑郁、焦虑、自我封闭、过度自我防卫等心理问题，对学习生活性格等方面造成极大影响。如不及时加强教育引导，这些心理失衡的人走向社会后，也可能是破坏社会和谐的危险因素。

专家点评：

这个案例有典型性，既体现了学生成长中产生的经常性问题，也是一些社会现实问题的缩影。在研究生阶段，学习和科研是主业，但是恋爱和处理各种关系日显重要。案例中的辅导员工作比较周全，注重倾听王诺的倾诉，也及时接触并了解与之有关的师生所反映的信息，这是解决问题的基础。就此案例而言，王诺的心理问题是一个关键性症结，找到了合适的心理医生，释放了他的心理包袱，这是不可替代的专业治疗；以此为基础，辅导员抓住了问题产生的一些诱导性因素，及时开展了诸如帮助申请困补及助管岗位、调换宿舍、协调多方关注、做针对性的思想引导等工作，而这些帮扶、关爱和辅导，正是“行至悬崖”之人的“救命稻草”。当前，研究生中出现的诸多问题，值得高校及上级教育主管部门的关注。

北京工业大学生命学院党委书记 夏海州

信任和爱心，解开学生内心深处的郁结

一、案例概述

姜某，男，北京人，2013 年考入土木工程专业。该生乐观、开朗，好动好玩，特别喜欢打篮球，喜欢玩网络游戏，喜欢与人交谈，甚至有些“嘴贫”，但容易冲动。大一上学期打篮球时与裁判发生冲突，将裁判打伤，经双方家长协商，该生家长支付了大额的赔偿费。第一学期的期末考试，姜某 6 门课程不及格，且其中 3 门未参加考试，学分通过率仅为 26%。第二学期开学前的补考，姜某未能通过补考科目，造成一次试读。

二、案例分析

这是案例表面看起来是一个学业困难生的帮扶，但实际是一个由于突发事件对学生心理健康、人际关系产生严重影响的案例。我通过与班委、家长的交流，以及与姜某长期的沟通，了解了打篮球伤人事件对姜某影响的根本原因，并对他进行了辅导，帮助他逐步走出困境。

三、辅导过程

第一学期后，从打篮球伤人事件认识姜某，到事后与姜某谈心；从他期末考试挂科后鼓励、帮助他假期复习，到最后补考后依然试读。我隐约感到自己的工作没有到位，没能真正体察姜某的状态和挂科的原因，没有切实帮助到姜某。我在深深地自责中，计划着如何真正帮助姜某。

首先，我与班长及主要班干部、同宿舍同学谈话，了解情况。通过谈话，我了解到因为打篮球伤人事件，班内大部分同学对姜某有意见，认为姜某是“坏”学生，有意识的远离姜某，同宿舍有两个同学很少和姜某说话。同时，打篮球伤人事件之后，姜某经常旷课、夜不归宿。可见打篮球伤人事件对姜某影响很大。

随后，我与姜某的家长取得联系，了解家庭情况。姜某的父母离异，跟着父亲生活。姜某的母亲是中学教师，他一个月左右见母亲一次；父亲是公司老板，除了物质上的无忧之外，姜某很少跟父亲交流，父母的离异使得姜某易冲动、叛逆。

之后，我与姜某进行了第一次开诚布公的长谈。开始的聊天并不顺利，姜某表现得还和以前一样，爱说、开朗、乐观、无所谓，很懂事，但我觉得无法触及他内心深处。我避开学习、打篮球伤人这些话题，天南地北的与姜某“神侃”，与他找到了共同爱好，逐步建立了好感。然后，我告诉姜某与我高中、大学的时候很相像，讲我以前经历过的伤痛和困难，像姜某传递“不是只有你会经历痛苦与挫折，我也一样，别人也一样”这样的思想，这样的谈话方式慢慢地打开了姜某的心。他第一次在我面前流泪，他坦白伤人之后，虽然他和父亲都不在乎赔偿金，但他十分在乎他父亲为了他在别人面前低声下气的为他求情，他心疼父亲，对不起父亲，他恨伤者和伤者的家长。他知道班里同学对他有意见，没有人理解他，之前有几个能聊到一起的朋友，但这件事情发生后，就没有可以一起玩、一起交心的朋友了，所以他不愿意去上课，不知道怎么面对大家。

通过上述调查与分析，我分析出导致姜某学习成绩不好的原因有三点：一是姜某心疼父亲为自己委屈，同学对自己不理解，自己感觉很孤独，不知如何化解；二是同班同学对他的误解和孤立使他不愿出现在班级中，从而导致他旷课和夜不归宿；三是单亲家庭对他性格的形成产生了影响。

在了解到真正原因后，我开始帮助姜某调整状态，并引导同学们接纳他，共同帮助他攻克难关。

对于姜某，我定期与他保持着交流。通过长期的交流，排解伤人事件对他的影响，并指导、督促他学习。第一阶段中，我每周与姜某交谈一次，共五周，基本排解了伤人事件对姜某的影响。姜某觉得父亲为自己受了委屈，有过再找人报复对方的念头。我告诉姜某，报复只是图一时的快乐，而父亲委曲求全、低声下气就是不希望伤人事件对姜某有任何负面影响，而再次报复势必会让姜某受到学校、甚至法律的制裁，这才是最对不起父亲的做法。将委屈、不平和愤懑化成努力成长、蜕变的动力，拿出较好的成绩单，回家能够多陪父亲聊聊天才是报答父亲最好的方式。经过长期的交流，姜某已把我当成仗义、细心的大哥哥，我们之间交谈也放松了，不再有拘谨。第二阶段中，我每两周与姜某交谈一次，每次交谈的主要内容是姜某跟我汇报学习情况，我根据反馈帮助他制定下一步的计划，并鼓励姜某好好学习。第三阶段中，我在期末前一个月每周和姜某电话沟通一次，主要是排解他复习的苦闷，说些鼓励的话。

在开导姜某的同时，我约谈了班长、主要班干部和同宿舍同学，告诉大家年轻的时候犯错误在所难免，一时的冲动并不代表一个人就没有值得肯定的地方，希望大家不要再对姜某有成见，并且真诚的帮助姜某。要求班长每天早上督促姜某上课，带着姜某一起去上晚自习，但姜某觉得与自己不投缘的人在一起别扭，于是他与学习委员结成了互助小组，并成了铁哥们。

此外，我与姜某的父母取得联系，希望父母能够多关心姜某，给姜某更多的关怀和耐心，不要一味地责怪，更不能放任自流。有一次晚上十点多，姜某的父亲给我打电话，说刚刚把姜某送到学校，言语上感觉姜某的父亲很高兴。姜某的父亲说今天是跟姜某说话最多的一次，起初姜某的父亲问姜某近况，姜某说我不愿跟您说，说了您也不懂，我就愿意跟我辅导员说，他就比我大几岁，我俩能想到一块，跟您说没劲。慢慢地姜某跟父亲说了在学校的近况，也说到了很多跟我聊天的话题。姜某的父亲对我说，觉得姜某变了很多，还请求我继续给他更多的关注和帮助。听了这些，我觉得很感动，这一学期的工作没有白做，我也更有信心能够帮助姜某解除试读。

经过一点的辅导，伤人事件不再是姜某的心结，姜某也不再有报复的心理，将对父亲的歉意落实在行动上，跟父亲的关系变得日益亲密。同学关系有所改善，并且找到了能够陪伴自己一起学习、一起玩耍、一起吃饭的好朋友。期末考试后，只有大学物理没有通过，大学英语选择了缓考，学习成绩有很大程度的进步。

四、经验启示

1. 多方考证，挖掘事件本质

对于特殊事件和特殊学生要多方考证，善于挖掘事件的本质。全面及时了解学生信息和思想动态，听取周围同学反馈，掌握家庭及家乡的情况等，在了解多方面多角度的情况之后再做判断，抓住事件本质，以免被表面现象迷惑，导致事情恶化，并从根本上制定解决方案。

2. 掌握方法，用爱关怀

要多了解心理学知识，掌握倾听和谈话的方法，尊重学生隐私。学会和学生共情，真诚的交流，站在学生的角度看待问题，以爱心赢得学生的信任。在为有心理困惑的学生做思想工作时，要带着爱心倾听，带着爱心谈话，带着爱心引导，让学生能够亲其师，然后才能赢得学生的信任。只有赢得学生的信任，才能更加全面、深入地了解他们的所思所想，才能采取恰当的引导措施。

专家点评：

案例中姜某的问题，是由一个偶发的篮球冲突引起的。从中细究，姜某表现出的冲动打人、想报复、学业自暴自弃以及掩饰下的“乐观、懂事”等行为，集中反映了本科生处于成年人与未成年人角色模糊、不自知的状态。辅导员发挥了青年人的优势，以己推人，用“信任”和“爱心”打开了问题的“锁”。信任的立足点在尊重，辅导员在了解班干部、同学及家长等外围人员后，用年轻人自己的方式并主动地站到姜某的角色中进行长谈，从而挖出了隐藏在姜某内心深处的一些纠结和认知。爱心的支撑点是帮扶，辅导员及时开展了三个有针对性的阶段帮扶，根据阶段性效果设定帮扶方式，持续五周周周谈话，到两周一次交谈并指导做学习计划，再到学期末关键性的一个月周周电话沟通鼓励，辅之以同学互助、父母配合。整个问题的解决，看似简单却饱含了真心真情，构建了一个帮扶、关爱和引导的“闭环”。青年大学生经常会因一些突发性情况而难以控制引燃的情绪，产生一些比较严重的后果并由此引发许多难解的问题。案例中青年辅导员的工作法值得学习和推广。

北京工业大学生命学院党委书记　夏海州

网瘾少年到正面典型的回归路

一、案例概述

王同学是经管学院 11 级学生，是山东生源的学生，他的学习能力在高考中得到了充分体现。但是进入大学之后，他逐渐放松了对自身的严格要求，从大一第二学期到大二上学期，王同学逐渐沉迷于网络，出现了通宵上网、夜不归宿、迟到早退甚至无故旷课的现象，成绩一路下滑，严重脱离班集体。即使有班级同学的热心帮助，王同学也没能正视自身存在的问题，几名帮助他的同学甚至受到了来自他的负面影响，导致成绩下滑。

二、案例分析

作为班主任，抓好班级学风建设，引导学生健康快乐成长是我的主要职责。大学新生们都还只是一群十八九岁刚刚走出高中校园的孩子。虽说已成年，却都还涉世未深，缺乏自我管理和自我约束能力，人格尚未完全健全，可塑性较强，在这样一个敏感而重要的阶段，如果放纵自我，成长就可能出现偏差，王同学就是典型案例。但成长中的大学生也有其优点和潜能，如果进行积极的正面引导，帮助王同学浪子回头是可能的。

王同学问题的核心在于缺乏自我约束和控制能力，放松了学习和自身的提高，也忘记了一个大学生所要承担的时代所赋予的使命，也正因为缺少了这些，他才会在外界环境的诱导下思想和行为上出现偏差。

针对王同学的情况，作为班主任，我们集合了班干部、辅导员老师和家长的多方力量对其进行了四位一体的监督引导，同时在不断摸索中修正策略和方式。

三、辅导过程

1. 以关爱每个学生成长为出发点，不抛弃，不放弃，把挽救王同学回归现实、回归班集体作为我们首要的工作目标

通过对王同学的了解，我们得知他沉迷网络的实质是对现实生活的逃避，他的内心世界是空虚和痛苦的。

作为班主任，以爱心给他温暖，并且调动同学的力量感化和带动他，让他感受到现实的温暖和快乐，帮他脱离虚拟世界，回归班集体和现实生活。

2. 采取老师劝导、同学帮扶的方式，取得了初步成果

在王同学逃课、上网等情况逐渐显现的过程中，班委们也有所察觉，对他进行劝说未果的情况下将事情反映给我及辅导员。

我连同其辅导员周雅老师及资深班主任薛怀英老师对其进行了多番劝说，并制定帮教计划，建立以班干部为主的监督小组督促他的课堂出勤和按时完成作业。在老师、同学的共同努力下，王同学出入网吧的次数减少，重新回归课堂，取得了初步效果。但是，他的心思还是飘忽不定，对学习提不起精神。也就是说，这些措施只起到了治标的作用，没有达到治本的目的。一学年中，王同学有多门课程不及格，到了试读的边缘。

3. 多次与家长沟通，取得他们的配合，为促进学生进一步好转提供了有利的条件和保障

在大二上学期，王同学问题出现后，我们和家长取得了联系，及时告知情况，希望取得家长的配合。但家长并未认识到问题的严重性，不理解也未支持我们的工作。

为了从根本上解决问题，大二下学期开学之前，我们又多次和家长沟

通，讲明孩子的危险处境和利害关系，帮助家长了解孩子在学校的真实状况，晓之以理，动之以情，经过多渠道的反复说服动员，终于得到了家长的积极回应和配合，王同学的母亲专程到北京租住陪读。家长的全力配合，为促进王同学的顺利回归提供了有利的条件和保障。

4. 因势利导，和谐同学关系，让他感受到班集体的温暖和同学的友谊

在家长到位后，我们充分发动同学们的力量帮助他解决学习上的困难，让他感受到同学的友情，使他们逐步从对立的监督与被监督关系转化为和谐的友谊，消除王同学的抗拒心理。在家里有母亲的监督教诲，在学校里有师长同学的殷切关注，王同学逐步从网瘾泥潭中走出，并自觉学习，从出勤到作业完成情况都有了很大的改观。

5. 提升王同学的自信心，培养他的责任感，完善和健全人格，为他一生的发展奠定坚实的基础

在取得了成效之后，我们并未止步于帮助王同学戒除网瘾，而是着力于挖掘他的潜力，重塑自信，培养责任感和感恩心，完善人格。

会计从业资格考试是会计学专业的重要考试，为了充分调动班级同学备考的积极性，同时帮助 13 级新生进行复习，我在 11 级招募了一些同学为 13 级学弟学妹们答疑，这其中就包括了王同学。这样做一方面促进了专业内部年级间交流，另一方面对王同学自身的复习起到了非常好的督促作用。后来，王同学不仅顺利通过了从业资格考试，还体会到了助人的快乐，感受到了父母、师长、同学在帮助他的过程中的付出与努力。

有了这样成功的经验，进一步引导王同学有了很好的基础。会计从业考试的通过促使王同学找回自信心，结合他的自身实际和师长的建议，王同学做出了考研的决定。对于这个决定，我再一次对他“委以重任”，让他负责班级考研小组的相关资料搜集和活动组织。令我们欣慰的是，王同学没有再让老师同学费心，而是自觉自愿承担起了相应的责任，为同学们贡献着自己的力量。除此之外，王同学还积极主动地通过其他方式回馈班级同学，例如积极分享学习资料，假期为同学提供住宿等等。

在辅导过程中，我非常注重对王同学人格的培养。在他接受来自各方的帮助与支持的同时，我们提醒他学会换位思考，真实体验帮助别人的辛劳，学会感恩，促使他在校尊敬师长，帮助同学，在家孝敬父母，分担家务，实现了“人人为我，我为人人”的转变，逐步引领他成为一名积极向上的有志青年。

通过努力，王同学从一个沉迷网瘾的“问题学生”逐渐转变为乐观开朗、充满自信地回馈班级建设、领跑全班会计从业资格考试、积极复习考研的正面典型。

四、经验启示

王同学的案例是当今大学生中比较普遍的现象，总结两年来对他的关注和教育，我总结出了以下几点经验。

1. 家长、辅导员、班主任、同学四位一体，帮扶效果显著

家长、辅导员、班主任、同学四方面资源整合，效果才会显著。这其中，家长的配合尤为重要，只有家长对学生最为了解，且对学生最具有约束力。有了家长的充分支持，对学生的帮助就有了非常好的基础。其次，班主任和辅导员老师可以从不同的角度发挥各自的长处。辅导员长期坐班办公，任何突发事件都能够第一时间进行应对处理，而班主任的着力点在于学风建设，主要任务是从学业方面对学生进行引导教育。同学的帮助也不能小觑，作为最直接接触当事人学习生活的一个群体，班级同学能够起到非常好的互相感染和促进作用。但是必须警惕有可能出现的负面作用，在这里我必须对自己的工作进行反思，因为在帮助王同学的过程中对某同学造成了一些负面影响，致使其出现挂科，错失了一些本该属于他的机会，这是我在工作中所未曾预见的也不容再犯的失误。

2. 激发学生正向认识自我，发挥自身价值

所谓的“问题学生”极易被边缘化，即使有所进步也比较不容易重新融入集体，作为师长必须帮助他们重新找回在班级中的位置，也就是所谓

的“存在感”，使其重新得到群体的认可和接纳。在王同学的案例中，促使其承担相应任务，对促进其重回集体生活有很大帮助。

3. 善于抓住时机，进行有效沟通，促使其承担相应任务，对促进其重回集体生活有很大帮助

两年来，在对王同学的教育和引导过程中，我感到有效沟通的时机特别重要。当学生有思想波动的时候，疏导和沟通要及时到位；当他取得进步时，适度的肯定和鼓励要及时跟上。这样，学生的心里能感受到老师、同学的关爱，就会有更大的动力去战胜自己，在正向发展的道路上迈出坚实的步伐。

4. 注重人格教育，培养责任感，学会感恩

人格教育是大学生教育不可缺失的一环，健全而又完善的人格，是每个人立足社会的根本。出现自我放纵、颓废自弃现象的原因之一就是责任感的缺失，这是做人的根本问题。作为大学生，理应学会体谅父母的付出，努力充实和完善自己，但是往往有同学忽视这一点而在歧路上越走越远。对老师和同学的付出和帮助，当事人在取得进步的时候应及时提醒他有所思，有所想，有所感恩，有所回馈。倘若不能完善人格，再有成效的改变也只是徒有其表，真正的教育应当从人本出发，教育其学会感恩，勇于承担责任，只有这样才能将学生真正塑造成“人”。

专家点评：

大学生沉迷于网络是一个让人纠心而且值得关注的社会问题。沉迷于网络游戏的前与后，都会有着一些不可预估的问题存在，及时把他们“拉”出来，正确地运用网络发展学习和研究才是正道。班主任构建“四位一体”的监督引导方式发挥了实效，其中的诸多做法，比较有新意、值得推广的是激励学生正向自我认知并“委以重任”，引导学生由被教育、被帮扶主体向教育、帮扶主体转变，最终实现王同学自信心和上进心的回归。高校素质教育是一个全员性、全方位的教育，学生沉迷于网络游戏作

为素质教育发展中不可逃避的焦点问题和现象，更需要全员关注，校院领导、各职能部门、全体教师都应该在其中并发挥应有作用。

北京工业大学生命学院党委书记　夏海州

多一份关注，少一份遗憾

一、案例概述

方某，2010 级本科生，男，湖北人，2011 年 9 月从某学院转到我院学习，家庭经济困难。在转入我院的第一个学期（大二上学期）选修 16 门课程，总学分 46 分，且一次全部通过，加权成绩 67 分。

在大二下学期，他选修 11 门课程，总学分 27. 5 分，但期末考试只通过了 3 门课程，合计 5 个学分，学分通过率仅为 18. 18%，并且没有参加补考报名，导致一次试读。班主任找方某谈心了解情况后得知：该生与相恋多年的女友分手，没有心情学习导致试读。之后，该班更换了班主任，新班主任对方某也做了一些工作，但效果欠佳。2013 年 7 月中旬，大三下学期该生所选 17 门课程，总学分 34 学分，通了 3. 5 学分，通过率仅 10. 29%，且多门课程未通过是由于旷课造成的，还有部分课程是重修课程，而无补考报名资格（旷考和重修课程不能参加期初补考报名），因此，方某基本达到了二次试读的标准。班主任反映，考试的时候发现学生不在考场后也联系过学生，任课教师也联系过，但学生就是不来参加考试。

之后，方某暑假期间赴广东打工，8 月中旬才返回学校。新学期开学补考前，我发现方某状态异常，说话声音小、颓废、走路动作别扭。家长陪同方某前往北京安定医院就医，方某被确诊为中度抑郁。后该生向学校提出休学申请，未批准。最终，该生主动申请退学。

二、案例分析

该生属于因失恋导致学业困难，学业困难和失恋共同作用使方某的学习和生活长期处于不良状态，对心理健康产生了严重的影响，继而产生了心理疾病。同时，由于我们与方某的约谈没有从根本上解决问题，且没有长期关注方某的改善情况，造成了最终的后果。

三、辅导过程

我接触方某是在他一次试读之后，那时班主任反馈他的状态依然不好，希望辅导员能介入。但当时方某没有和我说实话，而是告诉我已经知道要努力学习了，并且放下了失恋的事情，也给自己制定了计划。于是，我将方某转由班主任继续监督和帮助。

当我知道方某恐怕要二次试读的时候，我着实难受与自责。为了避免出现极端情况，我第一时间联系了他，但学生告诉我他已经回湖北老家了。他清楚自己目前面临的局面，他现在想的就是努力复习，准备参加补考。但我告诉他，由于很多课程是旷考或是重修，这些课程是没有补考机会的，即使能参与补考的科目都过了，他的学分通过率也不能达到50%，依然会造成二次试读。方某没有再回复短信。直到开学初补考前，我才再次见到了他。

当我见到他的时候，我发现方某说话声音小、颓废、走路动作别扭。我通过他异常的状态推断，方某需要到医院进一步检查。我联系了方某的叔叔。

在方某的病情确诊后，我两次找他谈话，一是担心其心理健康状况，担心他会有自杀或是伤害他人的行为。二是想了解他今后的计划。我与方某进行了两个多小时的交谈，对他的家庭状况、心理调整和当前状态、今后计划进行了深入了解。之后，我带他到校医院办理了转诊证明，以便公费医疗报销，解决医药费问题。这时，我才了解到他家里的实际情况：方某的父母残疾，爸爸少了一只手，妈妈聋哑。因为妈妈不会手语，他很少和妈妈交流，父亲长期在外打工。由于自己比较内向，和女朋友分手后一时难以接受，长时间没有缓解心态，不良情绪的积累导致了抑郁。方某说以前一直不知道自己为什么上课坐不住，学不进去，对外界事物提不起兴趣，就好像是一条黑黑的路，没有尽头，很无助。现在，由于老师对他进行了提醒，他知道了这些症状的由来，十分感谢老师的帮助，并会积极进行治疗。

方某知道自己由于二次试读需要承担相应的后果，虽然后果有点严重。但他还是希望学校能给他机会完成学业。他有信心在病好后，在两年内完成学业。根据学校的学籍管理规定，学校没有接受他的休学申请，之后该生主动办理退学手续。为了帮助方某在北京医治，我为他推荐了一份收入还算不错的工作，能够保证他在北京的基本生活和治疗。

四、经验启示

1. 早发现、早处理，抓住问题根源

要找到试读的根本原因，要发现“不上课、学习效果差、对学习没有兴趣、沉迷于游戏”等等这些现象背后的真实原因。这个案例中，如果我能早点发现方某由于情感问题导致的心理异常，早点休学治疗，也许就不是目前这个结果。

2. 多沟通、多倾听，走进学生世界

一是与学生平等的交谈，建立起信任关系。减少对学生的指责，例如“你怎么又不去上课了”“班长又反映你不交作业”等，这种“家长式”的教育方式容易让学生封闭自己。我们可以尝试从学生的优点、擅长的运动或是兴趣入手交谈。不要忙于解决问题，否则欲速则不达。

二是鼓励学生表达，学会倾听。只有通过学生的表述，我们才能获得真实的信息。在学生说的时候，我们要关注、回应，又不打断学生。要学会问问题，引导学生“发现”真实的原因。

3. 确立目标，做好规划，多给指导，长期关注

与学生一起讨论怎么改变？他是否想改变？有没有想过怎么改变？其中重要的有以下几点：

第一，确立新的目标。这样的学生往往是没有新的发展目标，随波逐流。明确目标才能更好地行动。

第二，做好详细的计划，包括指导学生选课（建议试读后第一个学期不要重修课程）、课程学习计划、帮扶人员确定（没有毅力的学生有人帮助很重要）。

第三，做好学习方法指导，好的方法能够事半功倍。

第四，学生开始去做要多多关注，适时的表扬鼓励，特别是任课教师的鼓励也很重要。要定期关注其进步，多肯定。开始很难，坚持更难，所以要关注才能有效果。

第五，要将试读情况及时告知父母，与学生家长保持联系，形成合力。其实这个是最难控制的，毕竟不是所有的父母都天生是“好父母”。要避免父母的反作用，如果学生与家长关系紧张，建议家长阅读一本书《为何家会伤人》，让他们从中学会与孩子沟通。

专家点评：

这是一个略带遗憾和伤感的案例，主人公方某主动申请退学是结果，但前后过程中有许多值得我们思考的问题和工作的空间。案例中包含了许多要素，转专业、失恋、旷课、父母残疾、抑郁（异常表现）、一次试读等，都是方某问题产生并逐步发展到无法挽回地步的“链条节点”。辅导员、班主任适时做了一些工作，但因缺乏基础调研，没有能够把握方某问题的全方位信息，故而开展的工作难以解决根本性的问题。当然，问题的关键还在学生本身，但多一份关爱，就会少一份遗憾。值得欣慰的是，辅导员帮助方某推荐了一份工作，保证了他今后的基本生活和治疗费用。给我们的启示是，辅导员、班主任以及所有教师，都有责任关注并引导学生

解决成长发展中难以逾越的一些问题和“拦路虎”，其中的关键是“早发现、多沟通、全员做、倾真情”。

北京工业大学生命学院党委书记　夏海州